Borderline-Persönlichkeitsstörung

Ein Leitfaden zum Verständnis und Umgang mit BPS

Amanda Allan

Contents

Einführung

Was ist eine Borderline-Persönlichkeitsstörung?

Die Borderline-Persönlichkeitsstörung ist eine der am meisten missverstandenen Störungen, und es kann für Angehörige besonders schwierig sein, damit umzugehen und sie zu verstehen. Menschen mit Borderline-Persönlichkeitsstörung (BPS) erleben fast ständig einen Strudel von Emotionen. Selbst die kleinsten Dinge können sehr starke Emotionen auslösen, die für diese Menschen unglaublich schwer zu regulieren sind. Menschen mit BPS kämpfen auch mit ihrem Selbstwertgefühl, ihren Zielen und dem, was sie glücklich macht oder aufregt. Das führt dazu, dass sie sich regelmäßig verwirrt und unsicher fühlen, was ihr eigentliches Ziel ist, was emotional sehr belastend sein kann. Menschen mit BPS haben auch eine starke Angst vor dem Verlassenwerden, was bedeutet, dass sie nur schwer allein sein können und ständig die Bestätigung von anderen brauchen.

Menschen mit BPS-Tendenzen sind typischerweise emotional sprunghaft und vergraulen oft andere, da sie nicht die gleiche Fähigkeit zur Selbstberuhigung haben wie die meisten anderen. Stattdessen verlieren sie schnell die emotionale Kontrolle und haben große Schwierigkeiten, sich zu beruhigen und die Fassung wiederzuerlangen. Wenn sie die emotionale Kontrolle verlieren, sagen sie möglicherweise auch verletzende Dinge zu ihren Mitmenschen und verhalten sich inakzeptabel und impulsiv. Diese Art von Verhalten vertreibt oft andere Menschen und macht es ihnen sehr schwer, dauerhafte Beziehungen zu führen. Noch schlimmer ist, dass die starken Schuld- und Schamgefühle nach dem Anfall diesen Teufelskreis nur noch weiter aufrechterhalten.

So schwierig diese Erkrankung für die Betroffenen und ihre Angehörigen auch sein mag, sie kann mit der richtigen Behandlung, Zeit und Geduld in den Griff bekommen werden. Wenn Sie oder eine Ihnen nahestehende Person an BPS leiden, ist es wichtig, dass Sie sich die Zeit nehmen, die Symptome, Diagnosen und Behandlungsmethoden zu verstehen, damit Sie so verständnisvoll und unterstützend wie möglich sein können. Im weiteren Verlauf dieses Buches werden Sie die häufigsten Symptome kennen lernen, auf die Sie achten sollten, wenn Sie vermuten, dass ein geliebter Mensch an BPS leidet. Sie werden auch lernen, wie Sie die Situation möglichst einfühlsam und effektiv angehen können, um nicht noch mehr Unruhe zu stiften.

Kapitel 1: FAQs

Da die BPS eine der am meisten missverstandenen Störungen ist, dachte ich, ich beginne mit der Beantwortung einiger der am häufigsten gestellten Fragen! Die unten aufgeführten Fragen decken einige der wichtigsten Fragen ab, die nicht nur für die Person mit BPS, sondern auch für ihre Angehörigen hilfreich sind. Wenn Sie sich mit den Grundlagen vertraut machen, fällt es Ihnen viel leichter, einige der komplexeren Sachverhalte zu verstehen. In diesem Sinne, fangen wir an!

Fünf FAQs

Wie häufig ist BPS?

BPS ist tatsächlich nicht so häufig, wie viele Menschen denken! Interessanterweise haben nur 1,4 % der Menschen in den Vereinigten Staaten eine BPS, wobei 75 % von ihnen weiblich sind. Das soll nicht heißen, dass Frauen unbedingt anfälliger für BPS sind als Männer, aber es scheint, dass bei Männern fälschlicherweise Depressionen oder PTBS diagnostiziert werden. Möglicherweise gibt es also mehr Menschen mit BPS, als erfasst wurden; sie wurden einfach noch nicht diagnostiziert.

Viele Menschen scheuen sich davor, einen Psychiater aufzusuchen, um eine gründliche Untersuchung durchführen zu lassen, weil sie sich vor dem Urteil fürchten, das sich aus dem Ergebnis ergeben könnte, oder weil sie es leugnen. Was auch immer der Grund sein mag, viele Menschen warten immer noch auf eine Diagnose. Hoffentlich wird sich das in Zukunft ändern, wenn sich die Gesundheitsversorgung verbessert und die Menschen besser über BPS aufgeklärt werden.

Wie kann ich einen geliebten Menschen am besten ermutigen, sich Hilfe zu holen?

Das Wichtigste dabei ist, die Person nicht zu beleidigen. Sie dürfen nicht den Eindruck erwecken, dass die Person verrückt ist oder aus der Reihe tanzt, sonst wird sie *nicht* gut reagieren! Sie müssen die Situation auf einfühlsame und fürsorgliche Weise angehen, damit die Person ihre Abwehrmechanismen lockert. Achten Sie darauf, dass Sie mehr zuhören als sprechen, und versuchen Sie, keine Vermutungen anzustellen, bevor Sie sie nicht angehört haben. Sprechen Sie nur mit ihnen, wenn sie sich beruhigt haben, sonst machen Sie die Situation nur noch schlimmer.

Und schließlich, und das ist das Wichtigste, sagen Sie ihnen, dass es Ihnen nicht gefällt, sie in Schmerzen zu sehen, und dass Sie wollen, dass sie die Hilfe bekommen, die sie brauchen, um wieder glücklich zu sein. Wenn sie noch keine Diagnose erhalten haben, erklären Sie ihnen, wie befreiend es sein wird, sich selbst besser zu verstehen und die Hilfe zu bekommen, die man verdient.

Wie kann man BPS am besten erklären?

Eines der größten Missverständnisse über BPS ist, dass es bedeutet, dass die Person eine multiple Persönlichkeit hat. Das ist einfach nicht wahr! Die beste Erklärung für BPS ist, dass die Person damit kämpft, ihre Gefühle so zu regulieren, wie es die meisten Menschen tun. Das bedeutet, dass sie alles zutiefst empfinden und als Folge dieser intensiven Gefühle manchmal impulsiv handeln. Sie haben eine "Alles-oder-Nichts"-Haltung zu Beziehungen und zum Leben im Allgemeinen, was sie sehr emotional und sensibel macht.

Wie helfe ich einem geliebten Menschen im Rausch, wenn es ihm nicht gut geht?

Eine Sache, die man sich bei BPS merken sollte, ist, dass die Person normalerweise von einem Gefühl, das absolut fantastisch ist, zu einem Gefühl, das wirklich niedergeschlagen ist, übergeht. Diese Unfähigkeit, Emotionen zu regulieren, kann nicht nur für die Betroffenen selbst, sondern auch für die Menschen in ihrem

Umfeld schwierig sein. Wenn Sie bemerken, dass Ihr geliebter Mensch mit BPS sich in einem Hochgefühl befindet (obwohl sein Verhalten das Gegenteil vermuten lässt), sollten Sie sich fragen, ob sein Verhalten geeignet ist, anderen Menschen Schaden zuzufügen. Wenn ja, dann müssen Sie eingreifen und Ihre Bedenken ehrlich äußern. Es stimmt zwar, dass niemand gerne gesagt bekommt, was er zu tun hat, aber wenn Sie Ihre Gefühle mit dem Betroffenen teilen und sehen, wie er sich fühlt, kann das der zusätzliche Anstoß sein, den er braucht, um professionelle Hilfe zu suchen.

Wie häufig ist eine vollständige Genesung von BPS?

Die gute Nachricht ist, dass BPS keine lebenslange Strafe ist! Mit der richtigen Behandlung und Therapie können Sie viele, wenn nicht sogar alle Symptome, die mit dieser Erkrankung verbunden sind, beseitigen. Dank der Fortschritte bei der medikamentösen Behandlung und der Hilfe hochqualifizierter Therapeuten steigt der Prozentsatz der Menschen, die sich von der BPS erholen. Beeindruckende 88 % der früher diagnostizierten Patienten weisen keine Symptome mehr auf, die den BPS-Kriterien entsprechen. Deshalb ist es so wichtig, bereits im Frühstadium der Erkrankung professionelle Hilfe in Anspruch zu nehmen, bevor die Symptome zu viele Probleme verursachen.

Kapitel 2: Symptome und Diagnose

Wenn Sie vermuten, dass ein Ihnen naheste-hender Mensch an einer Borderline-Persön-lichkeitsstörung leidet, sollten Sie sich mit den Diag-nosekriterien vertraut machen, bevor Sie einen Termin bei Ihrem Arzt vereinbaren. Das Diagnostische und Sta-tistische Handbuch Psychischer Störungen (DSM) ent-hält eine Liste von Kriterien, auf die sich jede psychi-atrische Störung bezieht. Dies kann dem Leser helfen, passende Symptome zu erkennen. In diesem Kapitel werden wir uns diese Kriterien genauer ansehen und verstehen, wie und warum diese Kriterien aufgestellt wurden.

Wie werden die Kriterien festgelegt und bewertet?

Die Kriterien für BPS wurden von einem Team von Medizinern, darunter Psychiater und Psychologen, fest-gelegt. Diese Kriterien wurden in das DSM aufgenom-men. Die Kriterien beruhen auf den besten verfüg-

baren Forschungsergebnissen zum gegebenen Zeitpunkt, aber wenn die Forschung weitergeht und sich
verbessert, können die Kriterien auch angepasst werden. Alle paar Jahre erscheint eine neue Ausgabe des
DSM mit aktualisierten Informationen, die auf neuen
Forschungsergebnissen beruhen, so dass es wichtig ist,
sich über alle wichtigen Änderungen auf dem Laufenden
zu halten.

Bewertung

Eine Fehldiagnose kann für alle Beteiligten sehr problematisch sein. Deshalb ist es absolut wichtig, dass
eine gründliche und genaue Untersuchung von einer Fachkraft durchgeführt wird. Einige der Schlüssel-
symptome der BPS sind mit einer Vielzahl anderer psychischer Störungen verbunden, so dass es leicht zu
Verwechslungen und einer falschen Diagnose kommen
kann. Ihr Arzt wird in der Regel ein Gespräch mit Ihnen
führen, in dem er Ihnen eine Reihe von Fragen zu Ihren
Symptomen stellt und Sie möglicherweise auch bittet,
einen detaillierten Fragebogen auszufüllen. Schließlich
ist es nicht ungewöhnlich, dass er sich mit Ihren Angehörigen zusammensetzt, um ein besseres Verständnis für Ihre täglichen Symptome und Herausforderungen zu bekommen. All dies kann dazu beitragen, eine
ganzheitlichere Sicht auf Ihre Erkrankung zu gewinnen
und eine möglichst genaue Diagnose zu stellen.

Die neun wichtigsten Symptome

In dem Bemühen, die Diagnose einfacher und eindeutiger zu gestalten, haben Fachleute die neun häufigsten Symptome der BPS in Kategorien eingeteilt. Diese Symptome sind zwar nicht die *einzigen* Erscheinungsformen der Störung, aber sie werden am häufigsten erkannt. Um eine Diagnose zu erhalten, müssen Ihre Symptome mindestens fünf der neun Symptomkategorien entsprechen, die ich Ihnen im Folgenden erläutern werde. Außerdem müssen diese Symptome bereits seit vielen Jahren bestehen und aus der frühen Jugendphase stammen. Mit all dem im Hinterkopf, lassen Sie uns direkt zu den neun wichtigsten Symptomen der BPS übergehen!

Extreme Stimmungsschwankungen

Ähnlich wie Menschen mit Depressionen oder bipolarer Störung neigen Menschen mit BPS zu starken Stimmungsschwankungen. Sie können schnell von euphorischen Gefühlen zu völliger Niedergeschlagenheit wechseln, und sie haben nur sehr wenig Kontrolle über diese Wechsel. Ein kleiner Auslöser, der eine normale Person nicht aus der Fassung bringen würde, kann sie in eine Achterbahn unkontrollierbarer Gefühle stürzen. Was die BPS von anderen Störungen unterscheidet, ist der Zeitrahmen, in dem diese Stimmungsschwankungen auftreten. So neigen Menschen mit BPS dazu, ihre Stimmungsschwankungen schon nach wenigen Minuten oder Stunden zu überwinden, während dies bei Depressionen und bipolaren Störungen Tage oder Wochen dauert.

Emotionsregulierung ist eine Fähigkeit, die die meisten Menschen für selbstverständlich halten. Für Menschen mit BPS ist sie jedoch extrem schwierig, bis hin zu dem Punkt, an dem ihre Arbeit und ihre Beziehungen darunter leiden. Auf dieses Thema werde ich in späteren Kapiteln dieses Buches näher eingehen.

Impulsives Verhalten und Selbstzerstörung

Menschen mit BPS haben einen starken Drang, gefährliche, impulsive Verhaltensweisen an den Tag zu legen, mit denen sie sich und anderen Schmerzen zufügen. Beispiele für impulsives Verhalten sind Saufgelage, Drogen, riskante sexuelle Kontakte, Fahren unter Alkoholeinfluss, Glücksspiel, Essanfälle oder übermäßiges Geldausgeben. Unabhängig davon, wie es sich äußert, sind diese Verhaltensweisen sensationslüstern und selbstzerstörerisch und dienen nur dazu, dass sich die Person kurzzeitig besser fühlt.

Extreme Gefühle der Wut

Menschen mit BPS haben ernsthafte Probleme, ihre Wut zu kontrollieren, und das kann sich nach außen oder nach innen äußern. Menschen mit BPS können ohne wirklichen Grund auf Freunde oder Familienmitglieder losgehen, und das kann sie extrem verärgern. Sie können sich in ihrer Wut verlieren, indem sie Dinge werfen und schreien und nicht in der Lage sind, die Zügel anzuziehen und ihre Fassung wiederzuerlangen. Es kann aber auch sein, dass sie ihre Wut nach innen richten und die meiste Zeit damit verbringen, sich ohne ersichtlichen Grund über sich selbst zu ärgern. Wie Sie sich vorstellen können, kann dies sehr belastend sein.

Gefühle von Misstrauen und Dissoziation

Menschen mit BPS haben regelmäßig das Gefühl, dass andere Menschen über sie urteilen oder sich gegen sie verschwören, auch wenn das bei weitem nicht der Fall ist. Dies führt wahrscheinlich zu verstärkten Gefühlen der Paranoia und kann eine Diskrepanz zwischen der Realität und ihrer Wahrnehmung schaffen. Wenn sie das Gefühl haben, dass sie unter erhöhtem Stress und Druck stehen, können sie beginnen, sich von der Realität zu distanzieren. Dies kann als eine außerkörperliche Erfahrung beschrieben werden, bei der sie buchstäblich das Gefühl haben, auf einer anderen Ebene zu leben und von ihrem eigenen Wesen getrennt zu sein.

Gefühle der Leere

Menschen, die an BPS leiden, berichten oft, dass sie sich innerlich leer fühlen und dass sie das Gefühl haben, eine große Leere in sich zu haben, die nicht gefüllt werden kann. Leider fällt es ihnen schwer, genau zu bestimmen, was in ihrem Leben fehlt, und so versuchen sie, diese Leere mit Drogen, Alkohol, Essen oder Sex zu füllen. Das Problem dabei ist, dass diese Gefühle auf unbestimmte Zeit anhalten werden, wenn sie nicht richtig angegangen werden, da sie sich trotz aller Bemühungen nicht wirklich glücklich und zufrieden fühlen werden.

Selbstbeschädigung

Einer der schwerwiegenderen Aspekte der BPS sind Selbstverletzungen und Selbstmordgedanken oder -tendenzen. Menschen mit BPS neigen eher zu Verhaltensweisen wie Schneiden, Verbrennen oder Spülen, und diese Verhaltensweisen sind nicht nur absichtlich, sondern auch extrem gefährlich. Oft können absichtliche Selbstverletzungen furchtbar schief gehen, auch wenn der Betroffene nicht die Absicht hat, sich selbst zu töten, weshalb sie so verheerend sein können. Noch besorgniserregender ist die Tatsache, dass Menschen mit BPS einen Selbstmordversuch unternehmen können. Dies beginnt in der Regel mit Selbstmordgedanken und -drohungen, ist aber sehr unberechenbar.

Angst vor dem Verlassenwerden

Menschen mit BPS haben große Angst davor, von den Menschen, die ihnen am meisten am Herzen liegen, verlassen zu werden. Meistens ist diese Angst völlig ungerechtfertigt, aber sie fühlt sich dennoch extrem real und beängstigend an. Die Angst kann ausgelöst werden, wenn sich ein geliebter Mensch mit einem Freund zum Abendessen trifft oder übers Wochenende zu einer beruflichen Veranstaltung wegfährt. Unabhängig davon, wie unschuldig oder kurzlebig die Trennung ist, fühlt sich dies für den Betroffenen sehr real an und löst die Angst aus, dass der geliebte Mensch vielleicht nie mehr zurückkommt oder sich von ihm entfernen will, auch wenn dies nicht der Wahrheit entspricht!

Als Reaktion auf diese Gefühle reagieren sie oft mit Schreien, Kämpfen, Anklammern oder sogar Bedrohung der Person. Sie können versuchen, die Person daran zu hindern, das Haus zu verlassen, und sie können versuchen, ihre Bewegungen zu verfolgen, während sie weg sind. Auch ständige Telefonanrufe sind keine Seltenheit. Leider führen diese Verhaltensmuster nur dazu, dass die Person sich entfernt. Dies kann für die Person mit BPS verheerend sein und als Rechtfertigung für ihre Angst vor dem Verlassenwerden interpretiert werden.

Abkopplung vom Selbstbild

Menschen mit BPS neigen dazu, ihren Arbeitsplatz, ihre sexuelle Identität, ihre Religion, ihre Freunde, ihre Liebhaber und ihre Moralvorstellungen viel häufiger zu wechseln als der Durchschnitt. Dafür gibt es allerdings eine sehr gute Erklärung! Menschen mit BPS haben eine sehr wechselhafte Einstellung zu ihrem Selbstbild und neigen dazu, von einem Extrem ins nächste zu fallen. In einem Moment können sie sich selbstbewusst und attraktiv fühlen, während sie im nächsten das Gefühl haben, völlig wertlos zu sein. Sie haben kein klares und genaues Selbstbild, und das macht es ihnen schwer zu erkennen, was sie im Leben erreichen wollen. Infolgedessen haben Menschen mit BDP sehr selten feste Ziele, auf die sie hinarbeiten können, was dazu führt, dass sie sich generell verloren fühlen.

Rockige Beziehungen

Wie Sie sich vorstellen können, fällt es Menschen mit dieser Störung schwer, gesunde, dauerhafte Beziehungen zu anderen zu unterhalten, und sie neigen eher zu flüchtigen und leidenschaftlichen Beziehungen. In diesen Beziehungen wird die andere Person in der Regel vergöttert und auf ein Podest gestellt; die Person glaubt, dass nur diese Person sie von ihren Problemen erlösen kann. Dies führt natürlich dazu, dass die Beziehung von

Anfang an zum Scheitern verurteilt ist und in der Regel in Tränen und Enttäuschung für beide Parteien endet.

Es ist nicht ungewöhnlich, dass die Person mit ihrer Liebe und Zuneigung zu einem neuen romantischen Interesse prahlt, nur um dann innerhalb von Monaten, Wochen oder sogar Tagen in Verachtung und schließlich in Hass umzuschlagen.

Denken Sie immer daran, dass die oben genannten Symptome allein nicht ausreichen, um eine BPS selbst zu diagnostizieren. Um eine genaue und zuverlässige Diagnose zu erhalten, müssen Sie Ihren Arzt aufsuchen und einen Termin mit einem Psychologen oder Psychiater vereinbaren.

Häufige Komorbiditäten

Die BPS wird in der Regel von weiteren Erkrankungen begleitet, die sich aus der Art der Störung ergeben. Es ist nicht ungewöhnlich, dass ein Psychiater bei Menschen mit BPS eine Doppeldiagnose stellt. Dies sind einige der häufigsten Komorbiditäten:

- Ängstliche Störungen

- Essstörungen

- Bipolare Störung

- Depression

Es ist äußerst wichtig, dass bestehende Komorbiditäten so bald wie möglich erkannt werden. Wenn nur ein
Teil des Problems behandelt wird, wird es für die Person
sehr schwierig sein, richtig auf die Hilfe zu reagieren, die
sie erhält.

Wodurch wird BPS verursacht?

Zum gegenwärtigen Zeitpunkt versuchen die Forscher immer noch, die genaue Ursache der BPS zu verstehen. Wissenschaftler glauben, dass Serotonin, der
"Glücksstoff" im Gehirn, mit der Entwicklung von BPS
in Verbindung steht. Wenn dieser Stoff nicht so aus-
geschüttet wird, wie er sollte, ist das Gehirn nicht mehr
in der Lage, seine Stimmung zu regulieren.

Zweitens sind Wissenschaftler der Ansicht, dass
auch das Umfeld des Einzelnen einen erheblichen Einfluss hat. Das Aufwachsen in einem missbräuchlichen,
lieblosen und allgemein instabilen häuslichen Umfeld
kann bei der Entwicklung einer BPS eine wichtige Rolle
spielen. Schließlich haben Studien an Zwillingen die
Forscher zu der Überzeugung gebracht, dass auch die
Genetik eine Rolle bei der Entwicklung von BPS spielt.

Da Zwillinge genetisch identisch sind, können ihre
Gene den Forschern helfen, zwischen der Rolle der
Genetik und der Umwelt zu unterscheiden, wenn es um
die mögliche Ursache einer Störung geht. Das bedeutet,
dass Sie Ihre familiäre Abstammung überprüfen sollten,

wenn Sie sich Sorgen machen, dass Sie ein Risiko haben könnten.

Wer ist am meisten gefährdet?

Wir kennen zwar einige der möglichen Ursachen der BPS, aber es gibt bestimmte Gruppen von Menschen, die ein höheres Risiko haben als andere. Typischerweise haben die Menschen, die am ehesten diese Störung entwickeln, bereits Erfahrungen gemacht:

- Kindesmissbrauch

- Aufwachsen mit instabilen oder impulsiven Menschen

- Als Kind emotional instabil sein

- Leben mit einem Familienmitglied mit BPS

Wenn Sie den Verdacht haben, dass Sie an BPS leiden, ist es wichtig, dass Sie einen Arzt aufsuchen und sich einer genauen Untersuchung unterziehen. Wenn Sie mehr als einer der oben genannten Aussagen zustimmen, heißt das noch lange nicht, dass Sie an der Krankheit leiden, also suchen Sie immer eine professionelle Meinung auf.

Kapitel 3: Erkennen und Verstehen der Auslöser

Um einen geliebten Menschen mit BPS besser zu verstehen und unerwünschte Episoden zu vermeiden, ist es eine gute Idee, die Auslöser für die Episoden zu verstehen. Fast jede Person mit BPS hat bestimmte Auslöser, die ihre Emotionen in die Höhe treiben können, und diese können je nach Person unterschiedlich sein. Es gibt jedoch einige sehr häufige Auslöser, die auf viele Menschen zutreffen, weshalb es wichtig ist, auf diese zu achten.

Im Wesentlichen kann ein Auslöser als ein Ereignis beschrieben werden, das die Symptome außer Kontrolle geraten lässt. Dabei kann es sich um ein inneres Ereignis handeln, z. B. eine bestimmte Erinnerung, oder um ein äußeres Ereignis, z. B. wenn jemand seine Stimme erhebt. Haben Sie zum Beispiel jemals ein altes Lied gehört, das Sie und ein geliebter Mensch aus Ihrer Vergangenheit gerne gehört haben? Der einfache Klang dieses Liedes kann unerwartet starke Emotionen auslösen, über die Sie nur wenig Kontrolle haben. Das Gleiche gilt für Menschen mit BPS, nur dass diese Auslöser häufiger auftreten und die Gefühle viel intensiver sein können.

Die häufigsten Auslöser

Mentale Auslöser

Dies ist eine der häufigsten Arten von Auslösern. Diese Auslöser müssen nicht unbedingt negativ sein; es kann auch eine positive Erinnerung sein, die bei der Person das Gefühl auslöst, nicht mehr so glücklich und zufrieden zu sein, wie sie es einmal war. Umgekehrt kann es auch eine schlechte Erinnerung sein, die als Auslöser wirkt. Das kann ein traumatisches Ereignis sein, wie z. B. Mobbing in der Schule oder Missbrauch durch ein Elternteil. Dies kann sehr intensive Emotionen auslösen, die die BPS-Symptome auf schlimmste Weise verstärken können.

Auslöser für Beziehungen

Dies hängt mit der großen Angst zusammen, verlassen und zurückgewiesen zu werden, was das Selbstwertgefühl der Betroffenen so stark beeinträchtigen kann, dass sie ernsthaft Schaden nehmen. Es kann zu Selbstmordgedanken, Selbstbeschädigung, Wut oder Angst kommen. Sie können mit verletzenden Worten oder

zwanghaften, gefährlichen Verhaltensweisen um sich
schlagen. Ein anderer Begriff für diese Art von Auslösern
ist Ablehnungsempfindlichkeit, und Menschen mit BPS
sind besonders anfällig dafür.

Dies kann durch etwas so Kleines und Unbedeutendes wie einen Seitenblick eines Kollegen oder einen
Anruf, den ein Freund nicht entgegennimmt, ausgelöst
werden. Während die meisten Menschen einfach davon
ausgehen würden, dass die Person beschäftigt ist,
würde jemand mit BPS so viel nachdenken, dass er das
Gefühl hat, von seinem Freund unerwünscht zu sein
oder ignoriert zu werden. Das kann schnell zu aufdringlichen Gedanken führen, dass der Freund sie hasst
und nichts mehr mit ihnen zu tun haben will. In den
allermeisten Fällen ist das völlig unwahr, aber sie sehen
das nicht so!

Identifizierung einzelner Auslöser

Es ist zwar einfach, allgemeine Auslöser zu betrachten,
aber jeder Mensch hat seine eigenen persönlichen Auslöser, die er erkennen und verstehen muss. Auf diese
Weise kann man sich besser auf solche Situationen vorbereiten und hoffentlich einen Anfall ganz verhindern.
Sie stellen auch fest, dass diese Auslöser nicht einfach
aus dem Nichts kommen, sondern eine Folge von ungelösten Traumata sind. Es ist also an der Zeit, diesen
Auslösern auf den Grund zu gehen, damit Sie wirksame
Bewältigungsmechanismen entwickeln können!

Wenn Sie oder Ihr Angehöriger sich bereit fühlen, können Sie die folgende Übung durchführen, um Ihre Auslöser zu erkennen und einen Weg zu finden, sie zu überwinden.

Vorbereiten

Für diesen ersten Schritt ist es unerlässlich, dass Sie sich in einem relativ gesunden Geisteszustand befinden. Wenn Sie sich zerbrechlich und emotional fühlen, warten Sie, bis Sie die Dinge geklärt haben. Wenn Sie zuversichtlich und bereit sind, Ihre Probleme anzugehen, nehmen Sie sich einen Stift und ein Notizbuch und fangen Sie an! Suchen Sie sich einen ruhigen Ort in Ihrer Wohnung, an dem Sie mit Ihren Gedanken allein sein können und nicht gestört werden, und machen Sie es sich bequem.

Säulen aufstellen

Als Nächstes werden Sie drei Spalten erstellen, wobei jede Spalte eine andere Überschrift hat. Die erste Überschrift sollte der "Auslöser" sein, die zweite "Emotionen/Gefühle" und die dritte Überschrift sollte "meine Reaktion auf dieses Gefühl oder diese Emotion" sein.

Erinnern Sie sich an eine emotionale Situation

Für den nächsten Teil müssen Sie stark sein und sich an ein auslösendes Ereignis erinnern, bei dem Sie eine tief negative und emotionale Reaktion auf eine bestimmte Situation hatten. Vielleicht haben sich Ihre Eltern scheiden lassen, oder Sie haben in Ihrer Kindheit ein traumatisches Ereignis erlebt. Denken Sie daran, dass dies nicht nur eine Reaktion auf etwas sein muss, das Ihnen angetan wurde, es kann auch ein inneres Gefühl wie Scham, Einsamkeit oder Leere sein.

Unabhängig davon, woher der Auslöser kam, müssen Sie die Kraft finden, sich daran zu erinnern und anzuerkennen, dass es passiert ist, damit Sie zur nächsten Phase übergehen können.

Erforschen und bestimmen Sie Ihre Emotionen

In diesem nächsten Schritt müssen Sie versuchen, Ihre Gefühle zu identifizieren. Was war Ihre Reaktion auf diesen Auslöser? Das ist zwar nicht immer einfach, aber Sie sollten versuchen, dies so genau wie möglich zu bestimmen. Vielleicht haben Sie sich ängstlich, eifersüchtig, wütend, allein oder einfach nur traurig gefühlt. Welches Gefühl es auch immer war, notieren Sie es unbedingt. Wenn Sie mehr als eine Emotion empfunden haben, notieren Sie sie alle in der Spalte "Emotionen/Gefühle". Denken Sie daran, sich Zeit zu nehmen und nichts zu überstürzen!

Wie Sie reagiert haben

In der nächsten Spalte müssen Sie darüber nachdenken, wie Sie auf diese Gefühle reagiert haben. Haben Sie kurz nach dem Vorfall eine ganze Menge gegessen oder sind Sie direkt in die Bar gegangen, um sich zu betrinken? Haben Sie zu Drogen gegriffen? Was auch immer Ihre Reaktion war, versuchen Sie, sich genau daran zu erinnern und notieren Sie es. Auch hier gilt: Es kann mehr als eine Reaktion sein!

Denken Sie daran, dass Ihre Reaktion nicht unbedingt negativ sein muss. Vielleicht haben Sie gut auf den Auslöser reagiert.

Wiederholen Sie

Führen Sie die oben genannten Schritte für mindestens zwei bis drei weitere Erinnerungen durch und füllen Sie die Spalten aus. Versuchen Sie, so viele genaue Erinnerungen wie möglich einzutragen! Wenn du dich nur an ein paar erinnern kannst, ist das in Ordnung.

Suche nach Mustern

Als Nächstes werden Sie der Spalte "Auslöser" besondere Aufmerksamkeit schenken, denn das ist es, was Sie verstehen wollen. Erkennen Sie irgendwelche Muster, wenn Sie sich Ihre Liste der Auslöser ansehen? Vielleicht gibt es bestimmte Menschen in Ihrem Leben, die immer wieder auftauchen, oder bestimmte Orte. Werden Sie immer wieder in großen, offenen Räumen mit vielen Menschen ausgelöst, oder lösen Situationen, in denen Sie ganz allein sind, negative Gefühle aus? Welches Muster auch immer vorliegt, versuchen Sie, es zu erkennen. Notieren Sie sich das!

Versuchen Sie, diese Gefühle in bestimmte Kategorien einzuordnen. Zum Beispiel könnte "Traurigkeit und Leere, wenn man für längere Zeit alleine ist" ein häufiges Gefühl und eine Situation sein, die Sie kategorisieren können.

Tabs behalten

Gehen Sie nicht einfach weiter und vergessen Sie Ihre Liste! Bemühen Sie sich, die Liste kontinuierlich zu überwachen und neue Emotionen oder Auslöser hinzuzufügen. Denken Sie über die Situation nach, über die Gefühle, die Sie empfunden haben, und über Ihre Reaktion auf diese Gefühle. Schauen Sie sich nun Ihre Liste noch einmal an und prüfen Sie, ob Sie neue Muster erkennen können. Achten Sie darauf, dass Sie alles notieren, auch die kleinen Details!

Antizipieren und kommunizieren

Jetzt, da Sie ein klareres Verständnis Ihrer Auslöser, Reaktionen und gemeinsamen Muster haben,
sollte es viel einfacher sein, eine auslösende Situation
vorherzusehen und sie zu vermeiden. Sobald Sie diese
Fähigkeit besitzen, werden Sie feststellen, dass es Ihnen
leichter fallen wird, auslösende Situationen zu vermeiden und unnötige emotionale Spiralen zu verhindern.
Sie haben dann auch einen guten Anhaltspunkt für Ihre
Auslöser, wenn Sie geeignete Bewältigungsstrategien
entwickeln, was ebenfalls ein großer Fortschritt ist.

Sobald Sie sich bereit fühlen, sollten Sie Ihre Trig-
ger-Muster mit einer nahestehenden Person oder einer Fachperson besprechen. Ihr Therapeut kann Ihnen
dabei helfen, Strategien für den Umgang mit diesen
auslösenden Situationen auf professioneller Ebene zu
entwickeln, sodass Sie für die Zukunft gut gerüstet sind.

Wie man Auslöser vermeidet

Da Sie nun wissen, was Ihre Auslöser sind, fragen Sie
sich wahrscheinlich, wie es weitergehen soll. Es mag sich
so anhören, als ob die naheliegendste Antwort darin
bestünde, Ihre Auslöser wie die Pest zu meiden, aber
es ist nicht immer die einfachste und realistischste Op-
tion, sie gänzlich zu vermeiden! Es gibt jedoch einige
Situationen, die Sie vermeiden können, indem Sie sich
bemühen, Ihren Zeitplan um sie herum zu planen, oder

indem Sie sich einfach entscheiden, bestimmte Aktivitäten nicht zu unternehmen.

Wenn z. B. ein bestimmtes Familienmitglied oder
ein Freund ein häufiger Auslöser für Sie ist, können
Sie aufhören, Pläne mit ihnen zu machen oder anste-
hende Verpflichtungen absagen. Dies kann einfacher
sein, wenn es sich um einen engen Freund handelt.
Manchmal kann es schwieriger sein, sich von Familien-
mitgliedern zu distanzieren, vor allem, wenn Sie mit ihnen zusammenleben. In solchen Situationen ist Vermeiden nicht unbedingt die Lösung. Wenn es Ihnen möglich
ist, sich von bestimmten Orten fernzuhalten, die Sie auslösen, sollten Sie das tun. Wenn der Ort oder die Person,
die Sie auslöst, jedoch Ihr Arbeitsplatz und Ihr Chef ist,
werden Sie es wirklich schwer haben, das zu vermeiden
(es sei denn, Sie kündigen, was nicht immer realistisch
ist)!

Oft ist es einfach nicht möglich, alle Auslöser vollständig zu vermeiden, so dass Sie alternative Strategien
zur Bewältigung entwickeln müssen. Dies ist besonders
wichtig, wenn die Situation einen wichtigen Teil Ihres
Lebens ausmacht. Es mag zwar einfacher erscheinen,
vor ihnen wegzulaufen, aber das ist nicht immer realistisch oder gesund. In diesem Fall müssen Sie sich
mit Ihrem Therapeuten zusammensetzen und einen Aktionsplan für den Auslöser entwickeln, den Sie befolgen
können, um diese Situationen zu bewältigen.

Kapitel 4: Behandlung der Borderline-Persönlichkeitsstörung

Wie bei allem im Leben gibt es immer einen Silberstreif am Horizont, wenn man danach sucht! Glücklicherweise gibt es mehrere vielversprechende Behandlungsmöglichkeiten für BPS, aus denen Sie wählen können. BPS wird in der Regel mit einer Kombination aus Therapie und Medikamenten behandelt, aber die Art der Behandlung und die Art der Medikamente können variieren. In diesem Kapitel erfahren Sie mehr über die verschiedenen Behandlungsmöglichkeiten, die Ihnen Ihr Arzt vorschlagen wird.

Medikamente

Zunächst möchte ich auf einige der Medikamente eingehen, die Ärzte in der Regel zur Behandlung verschreiben. Medikamente können bei der Behandlung von Depressionen und Angstsymptomen, die bei BPS häufig auftreten, besonders hilfreich sein. Es ist wichtig zu wis-

sen, dass es keine spezifischen, von der FDA zugelasse-
nen Medikamente gibt, die speziell für die Behandlung
von BPS entwickelt wurden, sondern dass es bestimmte
Medikamente gibt, die bei vielen der damit verbundenen
Symptome zu helfen scheinen.

Warum sollte ich es mit Medikamenten versuchen?

Viele Menschen sind skeptisch, wenn es um die Einnahme von Medikamenten geht, vor allem beim ersten Mal. Manchmal ist die Dosierung nicht ganz
richtig, oder sie reagieren schlecht auf das Medikament, und das kann die Leute abschrecken. Doch
mit etwas Ausprobieren und Beharrlichkeit können
Sie das richtige Medikament für sich finden, und das
kann Ihre Lebensqualität dramatisch verändern! Die
Entscheidung, die richtigen Medikamente zur Behandlung Ihrer Erkrankung zu finden, ist eine verantwor-
tungsvolle Entscheidung, die Ihre beruflichen und pri-
vaten Beziehungen verbessern wird.

Die Einnahme von Medikamenten kann auch dazu
beitragen, bestimmte Symptome wie Angstzustände,
Stimmungsschwankungen, Depressionen und Paranoia
in den Griff zu bekommen. Wenn Sie diese Symptome
direkt angehen, können Sie nicht nur sicherstellen, dass
sie unter Kontrolle sind, sondern auch, dass sie sich
im Laufe der Zeit nicht verschlimmern. Die regelmäßige
Einnahme Ihrer Medikamente schützt Sie auch vor Selbstmordgedanken und -handlungen, die mit BPS ein-

hergehen können. Schließlich trägt die Einnahme von Medikamenten auch dazu bei, gleichzeitig auftretende Störungen, die häufig mit BPS einhergehen, zu minimieren und zu verhindern. Dazu gehören bipolare Störungen, Essstörungen, Substanzkonsumstörungen, Depressionen und Angstzustände.

Gängige Medikamente

Antipsychotika

Antipsychotische Medikamente werden häufig zur Behandlung von Wutproblemen im Zusammenhang mit BPS eingesetzt. Sie helfen zwar nachweislich bei Wut und Impulsivität, scheinen aber einige schwerwiegende Nebenwirkungen zu haben, die schwer zu ignorieren sind. Aus diesem Grund verschreiben viele Ärzte sie nur in wirklich schweren Fällen, da sie andere BPS-Symptome mit der Zeit verschlimmern können. Eine der besorgniserregendsten Langzeitwirkungen von Antipsychotika ist ein schweres unwillkürliches Zittern, das möglicherweise nie wieder verschwindet. Wenn Antipsychotika erforderlich sind, sollte der Patient während des gesamten Prozesses sorgfältig überwacht werden. Einige der gängigsten Antipsychotika sind Loxitane, Prolixin Decanoate, Navane und Haldol.

Jeder hat seine eigene spezifische Reihe von Symptomen, auf die er abzielt und die ein Arzt entsprechend analysiert und verschreibt.

Stimmungsstabilisatoren

Wie der Name schon sagt, werden Stimmungsstabilisatoren (oder Antikonvulsiva) häufig zur Behandlung der Symptome der BPS verschrieben. Diese Medikamente zielen insbesondere auf die Impulsivität und die Stimmungsschwankungen ab, die bei der BPS so häufig sind. Einige der gängigsten Stimmungsstabilisatoren sind Lamictal, Lithobid, Tegretol und Depakote.

Einer der häufigsten Stimmungsstabilisatoren, Lithobid, kann die folgenden Nebenwirkungen verursachen:

• Gewichtszunahme

• Schwindel und Müdigkeit

• Akne

• Erbrechen und Übelkeit

• Erschütterungen

• Komplikationen der Schilddrüse und der Nieren

Im Allgemeinen hat jedes Antikonvulsivum seine eigenen Nebenwirkungen, die denen von Lithobid ähneln, wobei Gewichtszunahme, Müdigkeit und Hautausschläge am häufigsten berichtet werden. Ihr Arzt

wird mit Ihnen alle diese Nebenwirkungen durchge-
hen und Ihnen raten, sich zu melden, wenn die Nebenwirkungen zu stark werden. Er wird auch alle relevanten
Tests durchführen, um sicherzustellen, dass Ihr Körper während der Einnahme des Medikaments ordnungs-
gemäß funktioniert.

Antidepressiva

Antidepressiva werden in der Regel Menschen verschrieben, die unter chronischen Depressionen leiden;
sie wirken, indem sie die chemischen Stoffe im Gehirn
zugunsten einer fröhlicheren, helleren Stimmung verändern. Tatsächlich haben verschiedene Studien weltweit
ergeben, dass 80 % der Patienten mit BPS Antidepressiva verschrieben bekommen. Da schlechte Laune eines
der häufigsten Symptome der BPS ist, kann es eine
gute Idee sein, ein Antidepressivum auszuprobieren, um
einigen dieser Symptome entgegenzuwirken. Allerdings gibt es auf dem Markt viele Antidepressiva mit
unterschiedlichen Stärken und Nebenwirkungen. Die
Schwierigkeit besteht darin, das für Sie am besten
geeignete Mittel zu finden, was auf Anhieb oder durch
Ausprobieren geschehen kann!

Antidepressiva werden in zwei Hauptkategorien unterteilt: Selektive Serotonin-Wiederaufnahmehemmer
(SSRI) und Monoaminoxidasehemmer (MAOI). Der Unterschied zwischen den beiden besteht darin, dass
MAOIs bestimmte Chemikalien im Gehirn blockieren,

während SSRIs in erster Linie darauf abzielen, dem Gehirn zu helfen, mehr Serotonin (die Glückshormone im Gehirn) zu produzieren. In der Regel werden SSRI am häufigsten als Antidepressiva eingesetzt, da sie in der Regel wirksamer sind und weniger Nebenwirkungen zu haben scheinen.

Dennoch gibt es auch bei SSRIs einige Nebenwirkungen, die jedoch nicht so schwerwiegend sind wie bei den anderen Medikamenten und in der Regel nur von kurzer Dauer und von geringem Ausmaß. Die am häufigsten verschriebenen SSRIs sind Paxil, Prozac und Luvox.

Jedes dieser Medikamente hat leicht unterschiedliche Wirkungen, aber Ihr Arzt wird sie entsprechend Ihren spezifischen Symptomen verschreiben.

Anxiolytika/Anti-Angstmittel

Medikamente gegen Angstzustände werden häufig zur Behandlung von schweren Angstzuständen bei BPS-Patienten verschrieben. Angst ist ein außergewöhnlich häufiges Symptom bei Menschen mit BPS, und ihre Angst ist nicht wie die der meisten anderen. Ja, wir alle erleben von Tag zu Tag eine gewisse Angst, wenn ein großes Projekt oder ein Ereignis ansteht - aber das ist kein Vergleich zu dem, was Menschen mit BPS erleben! Anhaltende Angstzustände, die mehrere Stunden oder sogar Tage andauern, können extrem schwächend sein. Deshalb ist es wichtig, dass so schnell wie möglich eine Behandlung erfolgt.

Medikamente gegen Angstzustände regen das Gehirn dazu an, mehr Gamma-Aminobuttersäure (GABA) freizusetzen, die dazu beiträgt, das Gehirn zu beruhigen und weniger empfänglich für Störungen zu sein. Bei diesen Medikamenten sind Müdigkeit und geistige Umnebelung keine Seltenheit, was problematisch sein kann. Ein weiteres Problem ist, dass man die Medikamente gegen Angstzustände nicht sofort absetzen kann, wenn sie nicht mehr wirken. Dies kann zu ernsthaften Entzugserscheinungen wie Krampfanfällen, erhöhter Herzfrequenz, Zittern, Schwindel und Übelkeit führen. Sie sollten immer mit Ihrem Arzt sprechen, bevor Sie das Medikament absetzen, damit Sie es schrittweise absetzen können. Die gebräuchlichsten Anti-Angst-Medikamente sind Valium, Xanax, Klonopin und Ativan.

Die Vielzahl der verfügbaren Medikamente kann sich sehr überwältigend anfühlen, aber denken Sie daran, dass Ihr Arzt mit Ihnen zusammenarbeiten wird, um die richtigen Medikamente für Sie zu finden. Manche Menschen haben großes Glück und finden schnell das richtige Medikament, während andere mehrere ausprobieren müssen, bevor sie das richtige finden. Aber die Mühe lohnt sich auf jeden Fall!

Beste Psychotherapie-Optionen

Psychotherapie wird sehr häufig in Verbindung mit Medikamenten eingesetzt, um BPS wirksam zu behandeln. Während Medikamente wichtig sind, um die chemischen Substanzen im Gehirn zu regulieren, ist eine Psychotherapie aus einer Vielzahl von Gründen unerlässlich. Eine Psychotherapie gibt dem Patienten die geistigen Werkzeuge an die Hand, um mit den Symptomen der BPS fertig zu werden, ohne sich ausschließlich auf Medikamente zu verlassen. Sie hilft dem Patienten auch, die Emotionen seiner Umgebung besser wahrzunehmen, und hilft ihm, seine Impulsivität und Wut zu kontrollieren.

Dialektische Verhaltenstherapie (DBT)

Diese erste Behandlungsmethode wurde ursprünglich nur für die BPS entwickelt, ist aber aufgrund ihrer Wirksamkeit inzwischen auch bei einer Reihe anderer Erkrankungen wie Essstörungen und Drogenmissbrauch üblich. Die DBT ist eine Form der kognitiven Verhaltenstherapie, d. h. ihr Hauptaugenmerk liegt darauf, die Denkweise des Patienten so zu verändern, dass er gesündere Denkmuster entwickelt. Sie sollen lernen, Stresssituationen besser zu bewältigen, ihre Emotionen zu kontrollieren und gesunde Beziehungen zu ihrem Umfeld zu pflegen.

DBT kann viele verschiedene Formen annehmen und wird in der Regel in drei Arten von Therapien unterteilt: Gruppen-, Einzel- und Telefoncoaching. Je nach Vorliebe und Bedürfnissen des Patienten kann er einen Therapeuten persönlich aufsuchen oder in einer Gruppe mit einem geschulten Therapeuten lernen, wie er seine

Emotionen bewältigen kann. Sie können ihren Therapeuten auch telefonisch um Rat fragen, wenn sie das Gefühl haben, dass sie sich in einer Situation befinden, die sie nicht kontrollieren können und professionelle Hilfe benötigen. Als evidenzbasierter Psychotherapieansatz ist die DBT in eine Vielzahl verschiedener Techniken unterteilt, die ich im Folgenden auflisten und erläutern werde.

Toleranz gegenüber Bedrängnis

Diese erste Technik ist für die Behandlung von BPS von entscheidender Bedeutung, da sie dem Patienten hilft zu lernen, wie er effektiv mit belastenden Situationen umgehen kann. Anstatt die Kontrolle zu verlieren, hilft Ihnen die Belastungstoleranz, in jeder Situation ruhig zu bleiben, indem Sie vier Schlüsseltechniken anwenden. Diese Techniken sind Ablenkung, Selbstberuhigung, Verbesserung des Augenblicks und Abwägung der Vor- und Nachteile der Gefühlskontrolle gegenüber dem Ausrasten und der Schaffung eines Dramas. Der Schlüssel dazu ist, die Fähigkeit zur Ablenkung zu erlernen, um sich selbst mehr Zeit zum Nachdenken zu geben, bevor man reagiert.

Ein gutes Beispiel für eine gängige Toleranz-zu-Not-Übung ist der Rat an den Patienten, sich mit einer Aktivität zu beschäftigen, bei der die Gefühle dem Körper folgen. Das kann ein Spaziergang im Freien sein, das Spielen eines Instruments oder das Aufschreiben der Gefühle.

Emotionsregulierung

Emotionsregulierung ist eine wichtige Fähigkeit, die es Ihnen ermöglicht, Ihre Emotionen so zu steuern, dass sie Ihr Denken und Handeln nicht völlig beherrschen. Dies wird erreicht, indem man seine Gefühle identifiziert und benennt, um sie besser zu verstehen und in etwas Positives umzuwandeln. Im Wesentlichen geht es darum, negative Emotionen in positivere umzuwandeln, was nur möglich ist, wenn man die Emotionen erkennt, die man empfindet.

Wenn Sie sich zum Beispiel durch die Handlungen Ihres Partners verletzt oder frustriert fühlen, möchten Sie sich vielleicht von ihm distanzieren und ihn ganz meiden. Indem Sie Ihre Gefühle regulieren, können Sie lernen, stattdessen Zeit mit ihm zu verbringen und zu kommunizieren, damit Sie den Konflikt lösen und eine gesunde Beziehung aufbauen können.

Zwischenmenschliche Effektivität

Diese nächste Methode ist der Schlüssel dazu, dem Patienten zu helfen, gesunde Grenzen innerhalb einer Beziehung zu wahren und zu setzen, ohne die Beziehung zu beschädigen. Diese Technik gibt dem Patienten das

Handwerkszeug, um "Nein" zu sagen, indem er effektive Kommunikation übt, Respekt für sich und andere lernt und lernt, mit schwierigen Menschen umzugehen. Diese Technik ist in die so genannten GIVE-Schritte unterteilt, die im Folgenden aufgeführt sind:

- Sanft: Vermeiden Sie Aggressionen und Angriffe auf die andere Person, wenn Sie Ihre Meinung äußern.

- Interesse: Hören Sie effektiv zu, indem Sie Ihr Gegenüber zu Wort kommen lassen und zuhören, was er zu sagen hat.

- Bestätigen: Zeigen Sie der anderen Person, dass Sie ihre Gedanken und Gefühle anerkennen.

- Einfach: Zeigen Sie der Person, dass Sie fest, aber fröhlich sind, indem Sie lächeln und positiv bleiben.

Achtsamkeit

Achtsamkeit ist ein weiterer wichtiger Ansatz in der DBT, da sie dem Patienten hilft, zu lernen, im Moment zu leben und seine Umgebung wahrzunehmen. Achtsamkeit hilft Ihnen, Ihre Sinne, Impulse und Gefühle auf positive und nicht wertende Weise wahrzunehmen. Indem Sie die Dinge verlangsamen und in der Gegenwart leben, können Sie schwierige Situationen und Emo-

tionen auf eine ruhige und vernünftige Weise bewältigen. Achtsamkeit verhindert emotionale oder aggres-
sive Ausbrüche, wie sie bei Patienten mit BPS häufig
vorkommen.

Wenn es darum geht, Achtsamkeit zu praktizieren,
sind Atemübungen ein gängiger Einstieg. Bei vielen
Achtsamkeitsübungen geht es zum Beispiel darum, auf
jeden Atemzug zu achten, den Sie ein- und ausatmen.
Sie sollten darauf achten, wie es sich anfühlt und wie
sich Ihr Brustkorb hebt und senkt. Das Gleiche gilt für
das Essen, und deshalb wird Achtsamkeit auch häufig
zur Behandlung verschiedener Essstörungen eingesetzt, da der Patient lernt, sich auf den Geschmack und das
Erlebnis des Essens zu konzentrieren, anstatt das Essen
als eine Form der Flucht zu nutzen.

Mentalisierungsbasierte Therapie (MBT)

Die MBT-Therapie ist ein weiterer evidenzbasierter
Ansatz, der eine Kombination aus modernen und älteren
psychoanalytischen Ansätzen zur Behandlung der BPS
verwendet. Im Wesentlichen geht es bei der Mental-
isierung darum, so mit sich selbst zu sprechen, dass
man seine Gedanken und Gefühle auf gesunde Weise
versteht und anerkennt und so ein stabiles Selbstgefühl
entwickelt. Experten sind der Meinung, dass MBT bei
BPS wirksam ist, da es ein sehr grundlegendes Training
beinhaltet und die Hauptprobleme im Zusammenhang
mit BPS angeht; dies ist in erster Linie die Unfähigkeit,

Emotionen zu steuern und zu verstehen. Menschen mit BPS fühlen sich oft überfordert und sind nicht in der Lage, mit ihren Gefühlen umzugehen, was oft zu selbstzerstörerischem Verhalten führt. Die MBT geht dieses Problem an, indem sie ihnen die Mittel an die Hand gibt, um diese Emotionen zu erkennen und zu bewältigen und so emotionale Ausbrüche oder schädliche Verhaltensweisen zu verhindern.

Eine MBT-Behandlung ist in der Regel langfristig angelegt und kann zwischen einem Jahr und 18 Monaten dauern. In den Therapiesitzungen wird offen darüber gesprochen, was in Ihrem Leben vor sich geht, einschließlich aller Schwierigkeiten oder traumatischen Ereignisse. Der Patient wird jedoch ermutigt, auch über Familienmitglieder und enge Freunde zu sprechen, da deren Handlungen und Gedanken ebenfalls einen Einfluss haben. Ziel ist es, dass der Patient seine eigenen Emotionen und die anderer Menschen erkennt und versteht, so dass er seine Impulse und Reaktionen in Stresssituationen besser steuern kann.

Schema-fokussierte Therapie

Der Grundgedanke der schemaorientierten Therapie ist, dass Kindheitstraumata einen direkten Einfluss darauf haben, wie wir die Welt um uns herum wahrnehmen. Wenn Grundbedürfnisse in der Kindheit wie Liebe und Akzeptanz nicht erfüllt werden, entwickeln sich maladaptive frühe Schemata. Mit anderen Worten: Der

Einzelne ist nicht in der Lage, Gefühle zu verarbeiten und zu verstehen, was bedeutet, dass er auf ungesunde Weise reagiert. Die Schematheorie stützt die Tatsache, dass die Symptome der BPS häufig auf traumatische Kindheitserfahrungen zurückzuführen sind, was bedeutet, dass die schemaorientierte Therapie eine der besten Möglichkeiten zur Behandlung dieser Symptome ist.

Schemata können als allgemeine Denk- und Verhaltensmuster beschrieben werden, die letztlich bestimmen, wie wir die Welt sehen und wie wir auf bestimmte Situationen reagieren. Wenn die Schemata in der Kindheit durch stressige oder traumatische Situationen verzerrt werden, kann dies eine Traumareaktion auslösen, wenn sich im Erwachsenenleben eine ähnliche Situation ergibt. Die Entwicklung ungesunder oder toxischer Schemata in der Kindheit setzt sich in der Regel bis ins Erwachsenenalter fort. Der Schwerpunkt der Schematherapie liegt darauf, diese Probleme anzugehen und zu korrigieren, damit sie keine ungesunde Auslösereaktion mehr hervorrufen.

Inzwischen fragen Sie sich wahrscheinlich, wie diese ungesunden Schemata bei Menschen mit BPS aussehen können. Nun, Menschen mit BPS haben oft eine starke Angst vor dem Verlassenwerden, was bedeutet, dass sie sich davor fürchten, dass ihre Lieben sie verlassen. Infolgedessen können sie Menschen, die ihnen wichtig sind, verlassen, um zu versuchen, sie zu verlassen, bevor sie selbst verlassen werden. Sie können sich auch auf Beziehungen einlassen, in denen sie ungerecht behandelt werden, weil sie so erzogen wurden. Es kann aber auch sein, dass sie sich zu sehr an geliebte Menschen klammern, was als Verstrickung bezeichnet wird. Das bedeutet, dass sie das Gefühl haben, ohne eine geliebte Person nicht zufrieden oder erfolgreich sein zu können, und deshalb zu sehr von anderen abhängig werden. Am anderen Ende des Spektrums kann es sein, dass sie sich von ihrer Umwelt isolieren, weil sie das Gefühl haben, nicht dazuzugehören. Letzten Endes hängt das Schema vollständig von den früheren Erfahrungen des Einzelnen ab.

Jeder Mensch reagiert anders auf Kindheitsschemata, und diese können als drei verschiedene Bewältigungsmethoden definiert werden:

1. Überkompensation: Dies bedeutet, dass die Person sich extrem verhält, wenn sie mit einer Situation konfrontiert wird, die sie an ein früheres Schema erinnert, so dass sie Verhaltensweisen an den Tag legt, die das extreme Gegenteil dieses Schemas sind.

2. Aufgeben: Dies bedeutet, dass die Person sich so verhält, dass ihre Kindheitsschemata verstärkt werden.

3. Vermeiden: Dies bedeutet, dass die Person absichtlich Situationen vermeidet, die Gefühle von Stress, Angst und Verletzlichkeit auslösen.

Sobald ein Therapeut festgestellt hat, in welche Kategorie sein Patient fällt, kann er die Therapie entsprechend durchführen. Die schemafokussierte Therapie hat sich bei BPS-Patienten als wirksam erwiesen und sollte in Verbindung mit einer von einem Fachmann verschriebenen Medikation durchgeführt werden.

Übertragungsfokussierte Therapie

Was diese Art der Therapie von anderen unterscheidet, ist die Tatsache, dass der Therapeut sich auf Verhaltensweisen konzentriert, die während der Therapiesitzung auftreten, und nicht außerhalb der Sitzung. Das Hauptziel besteht darin, dem Einzelnen zu helfen, gesündere Wege zur Bewältigung selbstzerstörerischer Verhaltensweisen zu entwickeln, indem er sein Selbstwertgefühl verbessert. Diese Idee konzentriert sich auf die Bedeutung der Übertragung, was im Wesentlichen die Projektion der eigenen Emotionen und Gefühle auf eine andere Person bedeutet. Die Person ist sich in der Regel nicht bewusst, dass dies geschieht, und projiziert daher unbewusst ihre Gefühle von Angst oder Wut auf eine ahnungslose Person als Bewältigungsmethode.

Wie Sie vielleicht schon denken, ist das sicher nicht die gesündeste Art, mit seinen Gedanken und Gefühlen umzugehen! In diesem Sinne geht der Therapeut davon aus, dass eine Übertragung zwischen dem Patienten und dem Therapeuten stattfindet, und er wird versuchen, die Bedeutung hinter diesem Geschehen zu entschlüsseln. Der Therapeut wird dies erreichen, indem er den Patienten bittet, Beispiele für Übertragungen in der Therapiesitzung zu nennen, und dann kann er herausfinden, wie der Patient außerhalb des Therapieraums besser damit umgehen kann.

Diese Therapie arbeitet mit der Objektbeziehungstheorie, die betont, dass Menschen sich besser mit sozialen Beziehungen als mit Aggression oder Sex identifizieren. Im Wesentlichen wird den Patienten beigebracht, dass dies die Art und Weise ist, wie jeder Mensch eine Verbindung herstellen möchte, und es wird eine offene Kommunikation auf dieser Grundlage gefördert. Das Hauptziel ist die Linderung von Symptomen wie Impulsivität, Aggression, Selbstmordgedanken, Ängsten und Selbstverletzungen. Der Therapeut muss eine vertrauensvolle Bindung zwischen sich und dem Patienten aufbauen, denn der Patient muss sich dem Therapeuten gegenüber wirklich öffnen, damit er die Verantwortung für sein Handeln übernehmen und die notwendigen Veränderungen vornehmen kann. Mit anderen Worten, sie müssen aufhören, ihre Diagnose für ihr Verhalten verantwortlich zu machen, und die Verantwortung für ihre Behandlung übernehmen, indem sie tun, was getan werden muss.

Tipps zur optimalen Nutzung der Therapie

Eine Therapie kann unglaublich hilfreich für die Verbesserung der BPS-Symptome und eine gesündere Lebenseinstellung sein, aber sie kann anfangs auch ein-

schüchternd wirken. Wenn Sie wirklich positive Veränderungen sehen wollen, müssen Sie sich voll und ganz
auf Ihre Therapiesitzungen einlassen und sich en-
gagieren. Ohne positive Einstellung und Engagement
verschwenden Sie oder Ihre Angehörigen wertvolle Zeit
und Geld, und das ist niemandem gegenüber fair. In
diesem Sinne möchte ich Ihnen einige effektive Tipps
geben, die Sie befolgen können, um das Beste aus der
Therapie herauszuholen.

Umgeben Sie sich mit Unterstützung

Bevor Sie eine Therapie beginnen, sollten Sie sicherstellen, dass Sie ein starkes Unterstützungssystem
haben, auf das Sie sich verlassen können. Es kann leicht passieren, dass man sich selbst isoliert, wenn man
sich überfordert oder beurteilt fühlt, und das kann dem
Fortschritt sehr abträglich sein. Wenn Sie keine Freunde
oder Familienmitglieder haben, die Ihnen die nötige
Unterstützung geben können, kann eine BPS-Selbsthil-
fegruppe von großem Nutzen für Sie sein. Dort können Sie sich offen mit anderen Menschen austauschen,
die ähnliche Probleme haben, und das kann eine gute
Möglichkeit sein, offene Kommunikation zu üben, bevor
Sie mit der Therapie beginnen.

Beteiligen Sie sich aktiv an Ihrer Behandlung

Sie können den besten Therapeuten der Welt und eine unglaubliche Unterstützungsstruktur haben, aber ohne Ihr persönliches Engagement werden Sie keine großen Fortschritte sehen. Um zu wachsen und Ihre Probleme zu überwinden, müssen Sie sich in Ihren Therapiesitzungen aktiv einbringen und präsent sein. So schwierig es auch sein mag: Ehrlichkeit und Transparenz gegenüber Ihrem Therapeuten sind der beste Weg, um sinnvolle Fortschritte zu erzielen und eine Beziehung aufzubauen. Stellen Sie so viele Fragen wie möglich und scheuen Sie sich nicht, vor der Therapiesitzung zu recherchieren, damit Sie Ihre Fragen vorbereitet haben.

Zweitens: Scheuen Sie sich nicht, Ihren Behandlungsplan zu ändern, wenn Sie das Gefühl haben, dass er für Sie nicht funktioniert. Bei der Vielzahl der verfügbaren Behandlungsmethoden werden Sie sicher eine finden, die für Sie gut funktioniert.

Stellen Sie sicher, dass Sie einen Sicherheitsplan haben

Der Weg durch eine Therapie kann sowohl lohnend als auch herausfordernd sein und ist oft mit schwierigen Emotionen verbunden. Manchmal sind diese Emotionen überschaubar, manchmal können sie aber auch wirklich überwältigend sein und zu gefährlichen Gedanken und Impulsen führen. Um zu verhindern, dass diese zum Tragen kommen, sollten Sie einen Notfallplan erstellen, auf den Sie sich verlassen können.

Die Idee dahinter ist, einen Plan zu haben, auf den Sie zurückgreifen können, wenn die Dinge schief laufen und Sie sich allein fühlen; das kann sogar Ihr Leben retten. Wenn Sie sich geistig gut fühlen, erstellen Sie einen Plan, den Sie befolgen können, wenn Sie sich impulsiv fühlen und sich selbst verletzen wollen. Diesen Plan können Sie beiseite legen, wenn Sie Angst haben oder sich in einer gefährlichen Situation befinden, und er kann Sie davor bewahren, eine schlechte Entscheidung zu treffen.

Pflege für Ihren Körper

Es ist zwar unglaublich wichtig, sich um Ihre geistige Gesundheit zu kümmern, aber auch Ihre körperliche Gesundheit ist ein wichtiger Aspekt. Eine gesunde, ausgewogene Ernährung und regelmäßiger Sport helfen Ihnen, sich körperlich und geistig besser zu fühlen. Die Pflege Ihres Körpers ist gut für Ihr Selbstvertrauen und Ihr Selbstwertgefühl, was sich direkt auf Ihre Stimmung und Ihr Selbstbewusstsein auswirkt. Außerdem sollten Sie darauf achten, dass Sie ausreichend und qualitativ hochwertigen Schlaf bekommen, indem Sie einen regelmäßigen Schlafrhythmus einhalten. Und schließlich sollten Sie sich Zeit für Aktivitäten nehmen, die Sie entspannen und die Ihnen Freude bereiten, denn das ist ein hervorragendes Mittel, um Stress in Schach zu halten.

Wenn Sie sich erst einmal eine gute Routine angewöhnt haben, wird es Ihnen viel leichter fallen, mit Ihren

BPS-Symptomen umzugehen und sich voll auf die Therapie einzulassen.

Kapitel 5: Techniken zur Hilfe für einen geliebten Menschen

Wenn Sie dieses Buch lesen, weil Sie einen geliebten Menschen mit BPS haben, wissen Sie bereits, wie emotional und geistig anstrengend das sein kann. Sie lieben die Person zutiefst, doch irgendwie fühlen Sie sich hilflos angesichts ihres Zustands. Wenn Sie das nachvollziehen können, sollten Sie wissen, dass Sie nicht allein sind! Das Zusammenleben mit einem Menschen mit BPS kann Tage des emotionalen Aufruhrs bedeuten, an denen der Betroffene unter großem emotionalen Druck steht. Wenn diese Tage kommen, müssen Sie sich mit dem nötigen Rüstzeug ausstatten, um die bestmögliche Unterstützungsstruktur zu sein, und genau das lernen Sie in diesem Kapitel.

Beste Strategien zur Bewältigung

Rapport durch Vertrauen und Respekt herstellen

Wie Sie inzwischen wissen, haben Menschen mit BPS in der Regel ein Kindheitstrauma hinter sich. Das bedeutet, dass sie eine misstrauische Einstellung gegenüber anderen und der Welt im Allgemeinen haben können, wodurch sie sich verletzlich und unsicher fühlen. Als nahestehende Person in ihrem Leben ist es Ihre Aufgabe, Ihr Bestes zu tun, um ihnen ein Gefühl der Sicherheit und des Vertrauens zu vermitteln. Zeigen Sie ihnen, dass Sie Vertrauen in ihre Fähigkeit haben, erfolgreich zu sein und die bestmögliche Version ihrer selbst zu sein. Auch wenn es verlockend sein mag, Entscheidungen für sie zu treffen, ist es besser, wenn Sie sie in die richtige Richtung lenken und ihnen dann letztendlich die Entscheidung überlassen.

Seien Sie immer bereit, Hilfe und Rat anzubieten, aber nur, wenn sie danach fragen. Vermitteln Sie ihnen Ihre Bereitschaft, immer eine helfende Hand anzubieten oder ein offenes Ohr zu haben, aber seien Sie nie zu aufdringlich. Wenn Ihre Angehörigen das Gefühl haben, dass sie sich auf Ihr Verständnis und Ihr Wissen verlassen können, werden sie sich eher in der Lage fühlen, andere Herausforderungen selbst zu bewältigen.

Ermutigung und Identifizierung von Stärken

Menschen mit BPS haben in der Regel ein gebrochenes Selbst- und Identitätsgefühl, was bedeutet, dass sie im

Allgemeinen unsicher sind, was sie einzigartig macht. Sie haben eine verzerrte Vorstellung davon, wie andere Menschen sie sehen, was ihre Ängste nur noch verstärkt. Wenn Sie ihnen helfen, ihre wichtigsten Stärken zu erkennen, können Sie ihr Selbstvertrauen stärken und ein besseres Verständnis für ihre Person entwickeln. Sie können dies tun, indem Sie sich an Situationen erinnern, in denen sie eine positive Stärke oder Eigenschaft gezeigt haben. Erinnern Sie sich gemeinsam mit ihnen an diesen Moment und ermutigen Sie sie, dieses Verhalten zu wiederholen und sie daran zu erinnern, warum sie eine gute Leistung erbracht haben.

Achten Sie aber immer darauf, dass Sie in dieser Hinsicht vollkommen ehrlich zu ihnen sind. Auch wenn das Ziel darin besteht, ihr Selbstvertrauen zu stärken, sollten Sie darauf achten, dass Sie ihnen wirklich helfen und keine falschen Hoffnungen wecken.

Bilden Sie sich weiter

Eines der wichtigsten Dinge, die Sie für einen geliebten Menschen mit BPS tun können, ist, sich über die Störung zu informieren. Die Tatsache, dass Sie dieses Buch lesen, bedeutet, dass Sie bereits die Hälfte des Weges zurückgelegt haben - gut gemacht! Darüber hinaus ist es wichtig, dass Sie die BPS vollständig verstehen, damit Sie bestmöglich darauf reagieren können. Denken Sie daran, dass es in Ihrer Verantwortung liegt, nicht noch mehr Öl ins Feuer zu gießen, vor allem dann nicht, wenn

Ihr geliebter Mensch eine schwere emotionale Episode durchmacht. Wenn Sie ruhig und hilfsbereit reagieren, können Sie die Situation entschärfen und ein Gefühl der Ruhe vermitteln.

Zum Beispiel kann jemand mit BPS eine völlig normale Situation als Anlass für einen Streit sehen. Wenn eine Verabredung zum Kaffeetrinken aus einem legitimen Grund abgesagt wird, kann das dazu führen, dass der Betroffene glaubt, er werde im Stich gelassen oder zurückgewiesen, und das kann ihn dazu veranlassen, um sich zu schlagen. Anstatt die Verabredung einfach zu verschieben, kann die BPS-Person künftige Interaktionen komplett vermeiden oder verlangen, sofort gesehen zu werden. Unabhängig vom Ergebnis kann der an BPS Leidende mit einer intensiven emotionalen Reaktion reagieren, die andere Menschen vertreiben kann. Der beste Weg, damit umzugehen, ist zu verstehen, dass der Betroffene einfach aus Angst und nicht aus Hass reagiert, und Sie müssen Ihr Bestes tun, um Verständnis zu zeigen. Denken Sie daran, dass sie sich einfach unverstanden fühlen und Trost und Verständnis von jemandem suchen, der ihnen wichtig ist.

Eine Quelle des Vertrauens sein

Wie Sie wissen, haben Menschen mit BPS in der Regel eine turbulente Vergangenheit, wenn es um Vertrauen geht. Als Kinder sind sie vielleicht in einem Haushalt aufgewachsen, in dem sie das Gefühl hatten, nieman-

den zu haben, an den sie sich für vertrauenswürdige
Ratschläge wenden konnten. Es kann sogar sein, dass
ihr Vertrauen mehrfach erschüttert wurde! Hier können
Sie für sie ein Leuchtfeuer der Hoffnung sein - zeigen
Sie ihnen, dass sie sich Ihnen vertrauensvoll anvertrauen
können. Wenn das, was sie Ihnen mitteilen, ihnen oder
anderen nicht schaden könnte, sollten Sie das, was sie
Ihnen sagen, für sich behalten, um eine Grundlage für
Vertrauen und Ehrlichkeit zu schaffen. Tun Sie Ihr Bestes,
um Ihre Versprechen einzuhalten und sie nicht in letzter
Minute im Stich zu lassen.

Machen Sie also keine Versprechungen, die Sie nicht
halten können. Setzen Sie stattdessen realistische Grenzen, die sich in Ihren Zeitplan einfügen, damit Sie zum
vereinbarten Zeitpunkt da sind und eine vertrauensvolle
Beziehung aufbauen können.

Professionelle Unterstützung fördern

Es kann für jeden Menschen sehr entmutigend sein,
professionelle Hilfe in Anspruch zu nehmen, vor allem,
wenn dadurch dunklere Aspekte in ihm zum Vorschein
kommen können, die er nicht zu entdecken bereit ist.
Dies gilt besonders für Menschen mit BPS, obwohl eine
Therapie ihnen helfen kann, ihre Ängste und Depressionen zu bewältigen. Sie können sie ermutigen, diesen
mutigen Schritt zu wagen, und sie mit Informationen
über den weiteren Weg versorgen. Sie können auch so

weit gehen, ihnen bei der Buchung ihres ersten Termins zu helfen, wenn sie sich dabei wohl fühlen.

Gruppen- und Einzeltherapien können bei der Bewältigung von BPS-Symptomen unglaublich effektiv sein, insbesondere wenn die Person unter Depressionen, Angstzuständen oder Selbstverletzungen leidet. Die Möglichkeit, mit einer Fachkraft darüber zu sprechen, kann ihnen wirklich helfen, sich zu öffnen und alternative Wege zur Bewältigung ihrer intensiven Emotionen zu finden.

Achten Sie genau auf Selbstmordgedanken

Bei Menschen mit BPS ist die Wahrscheinlichkeit, dass sie Selbstmord begehen, viel höher als in der Allgemeinbevölkerung, was bedeutet, dass Sie das Thema besonders ernst nehmen müssen. Wenn sie jemals mit Ihnen darüber sprechen oder irgendwelche Signale geben, die darauf hindeuten, dann müssen Sie ein ernstes Gespräch mit ihnen führen. Seien Sie offen, indem Sie Ihre Besorgnis und Ihre Absicht zum Ausdruck bringen, Maßnahmen zu ergreifen, wenn Sie das Gefühl haben, dass sie eine Gefahr für sich selbst darstellen. Scheuen Sie sich nicht, eine Fachkraft oder eine Selbstmord-Hotline zu kontaktieren, wenn Sie das Gefühl haben, dass Ihr geliebter Mensch in ernsten Schwierigkeiten steckt!

Wenn es sich um einen falschen Alarm handelt, könnten sie verärgert oder verlegen sein. Aber Vorsicht ist besser als Nachsicht, also treffen Sie immer zusätzliche Vorsichtsmaßnahmen, um ihre Sicherheit zu gewährleisten, wenn Sie es für nötig halten.

Konfliktbewältigung durch Anhänglichkeit

Für jemanden mit BPS kann ein Konflikt wirklich ein entscheidender Moment sein (auch wenn er das nicht sein muss). Konflikte sind ein ganz normaler Bestandteil jeder Beziehung und können eine Beziehung sogar stärken, wenn sie richtig ausgetragen werden. Jemand mit BPS sieht das jedoch anders - Konflikte werden als Zeichen für Verlassenheit und Ablehnung gesehen, was zu Scham- und Schuldgefühlen führt. Ein kleiner Konflikt kann jemanden mit BPS sogar dazu veranlassen, die gesamte Beziehung in Frage zu stellen; das kann für beide Parteien schädlich sein. Als Unterstützungsstruktur ist es Ihre Aufgabe, sie zu ermutigen, Konflikte als Bausteine für eine stärkere Beziehung zu betrachten.

Wenn es zu Konflikten zwischen Ihnen und einem geliebten Menschen kommt, achten Sie darauf, die Beziehung weiter aufzubauen und diese Schwierigkeiten zu überwinden. Indem Sie bei Konflikten fürsorglich und zugewandt bleiben, heilen Sie die BPS-Person und fördern eine sinnvolle und dauerhafte Veränderung. Wenn ein Konflikt auftaucht und Sie nicht sicher sind, wie Sie damit umgehen sollen, versuchen Sie, sich auf das spezifische Verhalten zu konzentrieren, anstatt dem Betroffenen das Gefühl zu geben, dass Sie seinen Charakter angreifen. Vereinbaren Sie einen Telefonanruf oder einen Besuch, um den Konflikt und eine Lösung zu besprechen, und versichern Sie der Person, dass Sie zwar unglücklich über das, was passiert ist, sind, aber dass Sie sie nicht aufgeben werden.

Selbsterkenntnis üben

Dieser Punkt ist äußerst wichtig, da er Ihre eigene Selbstfürsorge und Ihre Grenzen betrifft. Sich die Mühe zu machen, einen geliebten Menschen mit BPS zu verstehen und zu unterstützen, ist aus mehreren Gründen eine unglaubliche Sache, die man tun sollte. Allerdings kann es auch extrem emotional belastend sein, wenn Sie sich erlauben, in einer Beziehung mehr zu geben als zu nehmen. Achten Sie sorgfältig auf Ihr Stressniveau und kennen Sie Ihre Grenzen. Bringen Sie Ihre Gefühle immer auf die freundlichste Art und Weise zum Ausdruck und erklären Sie, dass Sie sich um sich selbst kümmern müssen, damit Sie die bestmögliche Unterstützungsstruktur sein können.

Denken Sie immer daran, dass jede gesunde Beziehung ein Geben und Nehmen erfordert, aber eine Beziehung mit jemandem mit BPS verlangt von Ihnen ein wenig mehr Nachsicht. Scheuen Sie sich nicht, zu sagen, wenn Sie eine kleine Pause brauchen, aber betonen Sie, dass dies nicht das Ende der Beziehung bedeutet.

Nehmen Sie sich Zeit für angenehme Aktivitäten

Eine der besten Möglichkeiten, eine Beziehung und Bindung zu einem geliebten Menschen mit einer BPS aufzubauen, besteht darin, gemeinsam beruhigende und unterhaltsame Aktivitäten zu organisieren. Achten Sie darauf, dass die von Ihnen gewählte Aktivität beiden Seiten Spaß macht und zur Entspannung und zum Vergnügen beiträgt. Aktivitäten wie Wandern, Spazierengehen, Kino, Kaffee trinken oder Mittagessen sind allesamt gesunde Unternehmungen, die positive Interaktionen fördern und Ihre Bindung stärken werden. Nicht nur Sie selbst werden Spaß haben und sich entspannter fühlen, sondern auch Ihr geliebter Mensch mit BPS wird sich sicherer fühlen. Versuchen Sie, diese Ausflüge mindestens einmal pro Woche zu planen, und tun Sie Ihr Bestes, um Ihre Pläne einzuhalten!

Kapitel 6: Gesunde Grenzen setzen und Kommunikation

In den vorangegangenen Kapiteln haben wir erörtert, wie unglaublich wichtig es ist, nicht nur für die geliebte Person mit BPS da zu sein, sondern auch für Ihre eigenen Bedürfnisse zu sorgen. Während dies nur kurz angeschnitten wurde, wird in diesem Kapitel näher darauf eingegangen, wie Sie am besten mit jemandem mit BPS kommunizieren und gesunde Grenzen setzen können. Der Schlüssel zur Aufrechterhaltung einer für beide Seiten gesunden Beziehung ist das Wissen, wie man effektiv kommuniziert, und genau das wird in diesem Kapitel behandelt. Fangen wir an!

Warum sind Abgrenzungen so wichtig?

Menschen mit BPS neigen dazu, ihre Wut an den Menschen auszulassen, die ihnen am nächsten stehen, was für ihre Angehörigen extrem traumatisch und emotional belastend sein kann. Dies ständig ertragen zu müssen, kann die Person völlig ratlos zurücklassen, da es sich wie Missbrauch anfühlen kann. Manchmal hat man das Gefühl, machtlos zu sein, und die BPS-Symptome haben die vollständige Kontrolle übernommen. Das mag zwar wahr sein, aber in Wahrheit haben Sie mehr Kontrolle, als Sie denken!

Unabhängig davon, wer an BPS leidet, sind Sie es ihm und sich selbst schuldig, neue Techniken für den Umgang mit diesen Problemen zu erlernen. Dies wird Ihnen helfen, besser zu kommunizieren und Ihre Beziehung zu der Person zu verbessern, selbst wenn Sie das Gefühl haben, dass sie einseitig ist. Indem Sie die Kontrolle über Ihre eigenen Reaktionen übernehmen, eine ruhige und klare Kommunikation aufbauen und Grenzen setzen, können Sie die Anzeichen für eine Verbesserung beschleunigen und ein klares Beispiel dafür geben, wie zwei Menschen mit Ruhe und Respekt miteinander umgehen sollten.

Inzwischen wissen Sie wahrscheinlich schon, dass ein geliebter Mensch an BPS leidet, und kennen die Anzeichen und Symptome, auf die Sie achten sollten. Wenn Sie sich nicht sicher sind, können Sie im zweiten Kapitel nachlesen. Im Moment müssen Sie Ihre eigenen Bedürfnisse und Ihre psychische Gesundheit in den Vordergrund stellen, damit Sie die bestmögliche Unterstützungsstruktur für die Person sein können.

Wichtige Schritte zur Selbstfürsorge

Wenn Sie ein Elternteil eines Kindes mit BPS sind, kann es sehr leicht passieren, dass Sie in ein Verhaltensmuster abgleiten, bei dem Sie sich jeder Laune des Kindes anpassen, in der Hoffnung, dass Sie einem Ausbruch entgehen können. Ehrlich gesagt, tun Sie damit weder sich selbst noch Ihrem Kind einen Gefallen. Vielmehr führt dies nur zu einem Burnout auf Ihrer Seite und möglicherweise zu Depressionen und weiteren psychischen Problemen. Außerdem wird Ihr Kind wahrscheinlich nicht an Ihre Tür klopfen, um Ihnen für Ihre Aufopferung zu danken! Was ist also der beste Weg?

Das Beste, was Sie für einen geliebten Menschen mit BPS tun können, ist, Ihre eigene Rüstung anzulegen, bevor Sie das Schlachtfeld betreten. Wenn Sie das nicht tun, werden Sie am Ende abgeschossen und verlieren die Schlacht! Um dies zu erreichen, können Sie die unten aufgeführten Schritte ausprobieren.

Treten Sie Ihrer eigenen BPS-Selbsthilfegruppe bei

Erstens sollten Sie daran denken, dass Sie damit nicht allein sind! Es gibt viele andere Menschen auf der Welt, die das Gleiche durchmachen, und es kann Ihnen definitiv helfen, sich besser zu fühlen, wenn Sie sich mit anderen austauschen können. Erkundigen Sie sich in Ihrer Lokalzeitung, ob es in Ihrer Nähe Selbsthilfegruppen gibt, oder schließen Sie sich einem Online-Forum für BPS an. Wichtig ist, dass Sie Ihre Erfahrungen und Gefühle mit anderen teilen können und nützliche Ratschläge erhalten. Zumindest haben Sie einen sicheren Ort, um sich Luft zu machen!

Andere in der Nähe halten

Wenn Sie mit einem schwierigen Fall von BPS zu tun haben, kann es sehr leicht sein, sich von anderen Menschen zu distanzieren, in der Hoffnung, dass diese nicht Opfer oder Zeuge eines aggressiven Ausbruchs werden. Das Problem dabei ist, dass Sie sich damit von Freunden und Familienangehörigen isolieren, die sich um Sie sorgen und Ihnen vielleicht sogar helfen wollen. Als Mensch brauchen Sie eine helfende Hand, eine Schulter, an die Sie sich anlehnen können, und jemanden, der sich Ihre Sorgen anhört und Ihnen eine realistische Antwort gibt. Wenn Sie sich isolieren, öffnen Sie sich der Manipulation durch die BPS-Person, was für Sie beide nicht gesund ist.

Stresslevel beobachten

Es kann sehr verlockend sein, die Fassung zu verlieren, wenn man einen langen Arbeitstag hinter sich hat und die Emotionen hochkochen. Wenn Sie jedoch die Beherrschung verlieren und die BPS-Person diesem Beispiel folgt, kann es zu einem massiven Ausbruch kommen. Sie müssen auch wissen, dass die Person Ihre Geduld oft auf die Probe stellen wird und eine wütende, feindselige Reaktion ihre Wut nur noch mehr anheizt.

Um dies zu vermeiden, sollten Sie alles tun, was Sie können, um Ihren Stresspegel zu kontrollieren, sei es durch langsames Atmen, Yoga, Meditation oder Sport. Tiefes Atmen ist eine der besten Methoden, um Angst und Stress in den Griff zu bekommen, sobald sie auftreten.

Setzen Sie Prioritäten für Ihre Gesundheit

Es kann sehr leicht passieren, dass man seine Ernährung, seinen Schlaf und sein Trainingsprogramm vernachlässigt, wenn man sich mitten in einer emotional aufgewühlten Woche befindet. Auch wenn Sie sich nicht danach fühlen, sollten Sie diesen Dingen in dieser Zeit Priorität einräumen. Wenn Sie unter Schlafentzug leiden und sich schlecht ernähren, sind Sie definitiv nicht in der Lage, die Symptome einer BPS auf die effektivste Weise zu behandeln. Achten Sie darauf, dass Sie viel Vollwertiges essen, ausreichend Wasser trinken, ein paar Mal pro Woche Sport treiben und jede Nacht mindestens sieben bis acht Stunden schlafen. Dies wird Ihnen helfen, Ihre eigenen Emotionen und Ihren Stress besser zu kontrollieren.

Nehmen Sie sich Zeit für sich selbst (und andere)

Auch wenn es sehr zeitaufwendig sein kann, eine BPS-Person in Ihrem Leben zu haben, bedeutet das nicht, dass sie Ihre ganze Zeit in Anspruch nehmen sollte! Wenn Sie sich ein Leben außerhalb der Beziehung mit der Person erlauben, ist das nicht nur gut für Sie, sondern auch für sie. Sie werden sich erfrischt fühlen, wenn Sie etwas Zeit mit anderen verbracht haben, und Sie werden eine neue Sichtweise auf die Situation gewinnen. Das kann sich nur positiv auf Ihre Beziehung zu Ihrem Partner auswirken, und Sie werden sich in der Folge viel ruhiger und entspannter fühlen.

Effektiv kommunizieren

Während wir kurz auf die besten Möglichkeiten eingegangen sind, einige häufige Szenarien mit einer BPS-Person anzugehen, konzentrieren wir uns jetzt auf einige grundlegende Kommunikationsfähigkeiten, die Sie sich in zukünftigen Situationen zunutze machen müssen. Wenn Sie einen Plan haben, wie Sie im Falle eines Ausbruchs reagieren, können Sie die Situation viel schneller entschärfen. In diesem Sinne finden Sie hier einige wirksame Methoden, mit denen Sie die Kommunikation verbessern, Ausbrüche verhindern und Ihre Beziehung verbessern können.

Konzentrieren Sie sich mehr auf die Gefühle als auf das, was gesagt wird

Einem Menschen mit BPS fällt es manchmal schwer, seine wahren Gefühle auszudrücken, was dazu führt, dass seine Worte falsch verstanden werden. Infolgedessen werden ihre Absichten und Gefühle missverstanden, wodurch sie sich noch mehr isoliert fühlen. Was Sie tun können, um zu helfen, ist, sich auf die Emotionen hinter den Worten des Betroffenen zu konzentrieren - vielleicht klingen seine Worte aggressiv, aber in Wirklichkeit sind sie nur traurig. Eines der größten Bedürfnisse von BPS-Patienten ist es, sich anerkannt zu fühlen, also müssen Sie etwas tiefer graben, um zu verstehen, was ihre Worte wirklich bedeuten.

Wenn Ihr geliebter Mensch das nächste Mal um sich schlägt, stellen Sie ihm Fragen und versuchen Sie, über die Worte hinaus zu den zugrunde liegenden Gefühlen vorzudringen, die er empfindet. Anstatt die Worte zurückzuschleudern, versuchen Sie auszudrücken, dass Sie verstehen, wie sie sich fühlen, und dass Sie bereit sind zuzuhören.

Bringen Sie sie nicht zu Fall (Hören)

Wie ich bereits oben erwähnt habe, sollten Sie versuchen, Ihr Ego beiseite zu schieben, selbst wenn die Person Ihre Geduld wirklich auf die Probe stellt. Selbst wenn die Person sich völlig irrational verhält, müssen Sie in sich selbst die Kraft finden, sich darüber hinwegzusetzen und ruhig und gelassen zu bleiben. Es ist völlig normal, dass Sie den Drang verspüren, den Streit zu gewinnen oder der Person zu sagen, dass sie völlig falsch liegt. Das ist nur die menschliche Natur! Was Sie stattdessen tun müssen, ist, ihm zuzuhören und ihm zu zeigen, dass Sie bereit sind, sich anzuhören, was er zu sagen hat, auch wenn Sie nicht immer mit ihm übereinstimmen.

Den richtigen Zeitpunkt für ein Gespräch bestimmen

Selbst wenn Sie wirklich ein Gespräch führen und sich etwas von der Seele reden müssen, sollten Sie unbedingt einen geeigneten Zeitpunkt wählen. Wenn die geliebte Person Sie bedroht, ihre Stimme erhebt und generell wütend ist, ist das *sicher* nicht der richtige Zeitpunkt! Erklären Sie ihm am besten, dass Sie sich mit ihm unterhalten wollen, aber zu einem späteren Zeitpunkt, wenn er sich wieder beruhigt hat. Ziehen Sie sich notfalls aus der Situation zurück und sprechen Sie sie erneut an, wenn sich der Sturm gelegt hat.

Konzentrieren Sie sich nicht nur auf ihre Erkrankung

Auch wenn Sie das Gefühl haben, dass die Störung in Ihrem Leben die Hauptrolle spielt, ist es wichtig, dass Sie dies nicht auf Ihre Angehörigen übertragen. Tun Sie Ihr Bestes, um über andere Themen als BPS zu sprechen, um die Stimmung aufzulockern und Ihren Angehörigen zu zeigen, dass sich Ihr Leben nicht nur um ihre Erkrankung dreht. Nehmen Sie sich die Zeit, Interesse an ihrem Leben und ihren Aktivitäten zu zeigen, und ermutigen Sie sie immer offen zu positiven Dingen.

Ablenkung ist der Schlüssel

Wenn Sie spüren, dass Ihr Angehöriger aufgebracht ist und kurz vor einem Ausbruch steht, versuchen Sie, ihn mit einer Aktivität oder etwas abzulenken, das ihm Spaß macht. Egal, ob Sie eine alte Erinnerung wachrufen, einen Spaziergang oder einen Einkaufsbummel vorschlagen oder eine Tasse ihres Lieblingstees anbieten - lenken Sie sie auf jeden Fall ab! Alles, was Ihr Angehöriger jetzt braucht, ist etwas, das ihn so schnell wie möglich beruhigt, und es liegt an Ihnen, dies in die Wege zu leiten, um einen Anfall zu verhindern.

Üben Sie sich in Sympathie und aktivem Zuhören

Wie Sie vielleicht schon erfahren haben, kann sich ein Gespräch mit einer Person mit BPS manchmal wie ein Gespräch mit einem kleinen Kind anfühlen. Es kann zwar verlockend sein, die Person beiseite zu schieben oder mit einer ebenso unreifen Bemerkung zu antworten, aber das Beste, was Sie tun können, ist, sich voll und ganz auf die Person zu konzentrieren, ohne sich durch den Fernseher oder Ihr Telefon ablenken zu lassen. Vermeiden Sie es, die Diskussion auf Ihre eigenen Probleme zu lenken, und versuchen Sie stattdessen, sich auf das zu konzentrieren, was das Kind zu vermitteln versucht. Selbst wenn Sie nicht mit dem einverstanden sind, was der andere sagt, vermeiden Sie Kritik und Schuldzuweisungen um jeden Preis - das bringt Sie *nicht weiter*!

Die wichtigsten Schritte zum Setzen gesunder Grenzen

Es ist nicht leicht, jemandem mit BPS zu sagen, dass man seine Grenzen setzen muss, um die Beziehung zu erhalten, vor allem, wenn er so sensibel ist. Es mag anfangs schwierig sein, aber wenn Sie lernen, Ihre Grenzen zu setzen und sie einzuhalten, werden Sie beide langfristig davon profitieren! Hier erfahren Sie, wie Sie Ihre Grenzen setzen, sie Ihrem geliebten Menschen mit BPS freundlich erklären und - was am wichtigsten ist - sie einhalten können.

Vorbereitungsphase

Entscheiden Sie über Ihre Grenzen

Herzlichen Glückwunsch! Sie haben jetzt die Entscheidung getroffen, einige persönliche Grenzen zwischen Ihnen und Ihrer geliebten Person festzulegen - Sie haben schon die Hälfte geschafft! Wenn es um die Festlegung von Grenzen geht, sind manche Menschen ein wenig verwirrt, wie genau sie diese festlegen und bestimmen sollen. Um die Sache zu vereinfachen: Ihre Grenzen spiegeln im Wesentlichen Ihre Werte und Ihre Moral wider. Wenn Sie diese kennen, können Sie sich vor Situationen schützen, in denen Sie sich unwohl fühlen.

Nehmen wir zum Beispiel an, einer Ihrer Grundwerte ist Ehrlichkeit und Integrität. Wenn Sie eine Person in Ihrem Leben haben, die ständig lügt, wird das einen massiven Riss in Ihrer Beziehung verursachen und Sie tief verletzen. Wenn Ihr geliebter Mensch Sie regelmäßig anlügt, müssen Sie ihn wissen lassen, dass dies inakzeptabel ist und Sie es nicht tolerieren werden. Sagen Sie ihm klar und deutlich, dass dies für Sie nicht akzeptabel ist, und wenn er das nicht respektieren kann, brauchen Sie etwas Abstand.

Wie auch immer, machen Sie sich im Vorfeld eine Liste mit all Ihren Grenzen und möglichen Beispielen, wie deren Überschreitung aussehen könnte. Es ist auch nützlich, sich an frühere Erfahrungen zu erinnern, als diese Grenzen überschritten wurden.

Entscheiden Sie sich für einen Plan

Am wichtigsten ist, dass Sie sich einen Plan zurechtlegen, wie Sie reagieren werden, wenn diese Grenzen überschritten werden. Wenn Sie das nicht tun, sind Sie möglicherweise nicht in der Lage, mit der Situation umzugehen, und Ihre Reaktion könnte nicht angemessen sein. Denken Sie daran, dass der Schlüssel zum Setzen von Grenzen darin liegt, sich Respekt zu verschaffen, also stellen Sie sicher, dass Ihre Reaktion auf das Verhalten der anderen Person dieses Gefühl widerspiegelt.

Wenn Ihr geliebter Mensch zum Beispiel seine Stimme erhebt und Sie beschimpft, müssen Sie angemessen reagieren. Jetzt haben Sie über Ihre negativen Gefühle gegenüber Schreien und Schimpfwörtern gesprochen, aber Ihr geliebter Mensch hat trotzdem die Grenze überschritten. Anstatt ihn anzuschreien, sollten Sie sich aus der Situation zurückziehen. Verlassen Sie das Haus für ein paar Stunden, wenn es sein muss, und lassen Sie dem Betroffenen Zeit, über die Schwere seines Verhaltens nachzudenken.

Stellen Sie sicher, dass Sie dies bereits vor dem Ereignis geplant haben, damit Sie Ihren Aktionsplan im Voraus kennen.

Auf Gegenreaktionen vorbereitet sein

Menschen mit BPS neigen dazu, übermäßig empfindlich auf Veränderungen im Verhalten anderer Menschen zu reagieren, insbesondere auf solche, die ihnen wichtig sind. Aus diesem Grund ist es nicht ungewöhnlich, dass sie mit Verlegenheit, Wut oder Verletzung reagieren, wenn Sie äußern, was Sie nicht mehr akzeptieren wollen. Am besten bereiten Sie sich im Voraus darauf vor, wie Sie in einem solchen Fall reagieren werden - seien Sie nicht sprachlos!

Das Beste, was Sie tun können, ist, Ihre Gründe klar und ruhig zu erklären und zu betonen, dass Sie dies tun, weil Ihnen Ihre Beziehung am Herzen liegt. Bringen Sie zum Ausdruck, dass Ihnen die beiden sehr am Herzen liegen und Sie möchten, dass die Beziehung gedeiht, weshalb Sie einige Grenzen setzen.

Phase der Konfrontation

Wählen Sie den richtigen Moment

Nun, da Sie sich mental vorbereitet haben, ist es an der Zeit, sich hinzusetzen und das Gespräch zu führen! Der Schlüssel dazu ist, den richtigen Zeitpunkt zu wählen, wenn Sie beide in einer glücklichen und ruhigen Stimmung sind. Wenn das Gespräch auf die Handlungen des anderen zurückzuführen ist (was in den meisten Fällen zutrifft), sollten Sie das Gespräch nicht zu nah an den vorangegangenen Vorfall legen. Sie wollen nicht, dass sich Ihr Partner angegriffen fühlt, und Sie wollen ganz sicher nicht mitten in einem Streit das Thema Grenzen zur Sprache bringen!

Wählen Sie einen Moment, in dem die Person gut gelaunt ist, und fragen Sie sie ruhig, ob sie kurz Zeit für ein Gespräch hat. Machen Sie keine große Sache daraus und tun Sie nicht so, als hätten sie etwas Schlimmes getan.

Erklären Sie klar und ruhig

Erklären Sie ihnen als Nächstes Ihre Grenzen so ruhig und klar wie möglich. Erklären Sie zunächst, warum Sie diese Grenzen einführen wollen und wie sie sich positiv auf Ihre Beziehung auswirken werden. Ein positiver und ruhiger Beginn schafft die Voraussetzungen für eine weniger konfrontative Diskussion und nicht für einen gefühlten Angriff. Es ist zwar wichtig, ruhig zu bleiben, aber Sie wollen auch auf den Punkt kommen, den Sie vermitteln wollen, also reden Sie nicht zu lange um den heißen Brei herum.

Sie könnten damit beginnen, dass Sie sagen: "Ich möchte wirklich kurz mit Ihnen über etwas reden, das mir auf der Seele liegt. Ich weiß, dass wir in der Vergangenheit einige Meinungsverschiedenheiten hatten, und das ist völlig normal. Was mich jedoch aufregt, ist, wenn du deine Stimme erhebst und mich beschimpfst. Das stresst mich, und ich kann nicht mit dir kommunizieren, wenn du schreist. Ich verstehe deine Gefühle vollkommen und sie sind berechtigt, aber ich glaube, dass wir unsere Beziehung wirklich stärken könnten, wenn wir uns ruhig und respektvoll ausdrücken würden. Ich brauche das wirklich von dir, denn du und unsere Beziehung liegen mir am Herzen, und ich möchte nicht, dass dies zu einem Hindernis wird."

Indem Sie die Situation auf diese Weise angehen, bringen Sie zum Ausdruck, wie Sie sich fühlen, ohne die Person anzugreifen oder ihr die Schuld zu geben. Sie benennen einfach das Problem, schlagen eine Lösung vor und teilen dem anderen mit, wie Sie die Dinge in Zukunft am liebsten handhaben würden. Dies ist ein sehr viel effektiveres Mittel zur Konfliktlösung, da Sie damit auch zum Ausdruck bringen, dass Ihnen die Person wichtig ist, Sie aber auch Ihre Grenzen respektiert haben wollen.

Hartnäckig bleiben

Nun, da Sie Ihren Teil gesagt haben, liegt es an ihnen, wie sie diese neue Information aufnehmen wollen. Wenn Sie Glück haben, kann es sein, dass sie es gut aufnehmen und Ihren neuen Bedingungen zustimmen. Wenn nicht, wird er versuchen, Ihnen ein schlechtes Gewissen einzureden, indem er Ihre Emotionen so manipuliert, dass Sie sich wegen des Gesagten schlecht fühlen. In diesem Fall müssen Sie stark sein! Stehen Sie zu dem, was Sie gesagt haben, und lassen Sie nicht zu, dass sie Ihre neuen Grenzen beeinflussen.

Wenn Sie sich nicht an Ihre Grenzen halten, wird Ihre gesamte Vorbereitung zunichte gemacht, da Ihre Angehörigen den Respekt vor Ihren anfänglichen Bemühungen verlieren werden. Obwohl dies frustrierend sein kann, müssen Sie sicherstellen, dass Sie stark bleiben.

Die Nachwehen

Ausharren

Da Ihre Grenzen nun klar abgesteckt sind, können Sie
sich zurücklehnen und beobachten. Wenn Ihr geliebter
Mensch weiterhin Ihre Grenzen überschreitet, müssen
Sie sich an Ihren Nachfolgeplan halten, den Sie zu Beginn dieses Kapitels ausgearbeitet haben. Der Schlüssel
liegt hier in der Konsequenz - wenn Sie ein bestimmtes
Verhalten einmal nicht zulassen, können Sie es nicht
noch einmal zulassen, wenn Sie zu müde sind, sich dage-
gen zu wehren. Wenn Sie ihnen zeigen, dass es Ihnen
mit diesen Grenzen ernst ist, werden sie sie mit der Zeit
auch respektieren.

Wenn Sie ihnen gesagt haben, dass die Konsequen-
zen für ein bestimmtes Verhalten darin bestehen, dass
Sie sich vorübergehend aus der Situation zurückziehen
oder ihnen etwas wegnehmen (wenn Sie ein Elternteil
sind), dann halten Sie sich auch daran. Stellen Sie nicht
im Eifer des Gefechts ein wütendes Ultimatum, das Sie
niemals einhalten würden, denn damit verlieren Sie nur
ihren Respekt. Wenn Sie ein Ultimatum stellen, sollten
Sie es vorher gründlich durchdenken und es nur dann
aussprechen, wenn Sie es wirklich ernst meinen, sonst
ist es bedeutungslos.

Tun Sie, was das Beste für Sie ist

Dieser nächste Punkt ist schwierig, da er wirklich von
der Beziehung abhängt, die Sie zu der Person mit BPS

haben. Natürlich können Sie nicht die Entscheidung treffen, Ihr eigenes Kind aus Ihrem Leben auszuschließen, wenn es Ihre Grenzen nicht respektiert (wenn es unter 18 Jahre alt ist). Handelt es sich bei der Person um einen Freund oder Verwandten, haben Sie die Möglichkeit, sie aus Ihrem Leben zu entfernen, wenn sie trotz mehrmaliger Aufforderung weiterhin Ihre Grenzen verletzt. In solchen Fällen kann es in Ihrem besten Interesse sein, die Beziehung zu dieser Person zu beenden oder ihr zumindest eine Pause zu empfehlen.

Denken Sie daran: Niemand hält Ihnen ein Messer an die Kehle! Sie haben das Recht, sich aus einer Situation zurückzuziehen, die Ihre geistige Gesundheit beeinträchtigt.

Nebenbei bemerkt: Wenn es sich um Ihr Kind oder um jemanden handelt, den Sie nicht aus Ihrem Leben entfernen können, ist das absolut verständlich. In einer solchen Situation ist es am besten, einen Psychologen aufzusuchen, der auf BPS spezialisiert ist. Er kann Sie durch diese schwierige Situation begleiten und Ihnen alternative Vorschläge unterbreiten.

Schlussbemerkung

Auch wenn es unglaublich wichtig ist, Grenzen zu setzen, sollten Sie nicht vergessen, dass Sie es mit einer Person zu tun haben, die an einer psychischen Störung leidet. Trotz ihrer besten Bemühungen schlagen sie manchmal um sich und verlieren die Fassung. Sie müssen versuchen, zwischen einem Fehler und der bewussten Fortsetzung eines schlechten Verhaltens, mit dem Sie die Person konfrontiert haben, zu unterscheiden. Das hängt ganz von der Person ab und davon, wie gut Sie sie kennen, Sie müssen also Ihr eigenes Urteilsvermögen einsetzen. Vergessen Sie nicht, der Person zu versichern, dass Sie sich um sie kümmern!

Kapitel 7:
Selbsthilfe-Übungen

Die Bewältigung von BPS kann ein langer und schwieriger Weg sein, aber mit der richtigen Einstellung und der richtigen Behandlung kann die Krankheit effektiv bewältigt werden. Eines der vielen beunruhigenden Symptome der BPS ist die Dissoziation, bei der sich der Betroffene von der Außenwelt abkapselt, weil er eine traumatische Erinnerung hat oder in der Gegenwart nicht zurechtkommt. Andere mögen dies als Tagträumerei oder Unhöflichkeit ansehen, doch handelt es sich dabei lediglich um einen Bewältigungsmechanismus, mit dem die Betroffenen unangenehmen Gedanken oder Gefühlen entkommen wollen. Dissoziation kann freiwillig oder unfreiwillig sein, und manche können sie besser kontrollieren als andere.

Wenn Sie aufgrund von Ängsten oder früheren Traumata mit diesem Symptom zu kämpfen haben, sollten Sie sich mit einigen Erdungsübungen vertraut machen, die Ihnen helfen, besser damit umzugehen. Erdungsübungen gibt es in verschiedenen Formen und gehören zu einer Form der dialektischen Verhaltenstherapie. Diese Verhaltensweisen sind in verschiedene Sinneswahrnehmungen eingeteilt, die Sie zur Selbstberuhigung und Ablenkung nutzen können und die in diesem Kapitel beschrieben werden.

Lernen Sie, sich mit den fünf Hauptsinnen zu erden

Manchmal genügt es, die Welt um Sie herum mit den Sinnen wahrzunehmen, die Ihr Körper von Natur aus bereitstellt! Im Folgenden finden Sie einige der besten Möglichkeiten, wie Sie Ihre BPS-bedingten Ängste auf natürliche und effektive Weise beruhigen können:

Auditiv

Eine der besten Möglichkeiten, sich selbst zu beruhigen und sich zu erden, wenn man das Gefühl hat, dass alles zu viel ist, ist Musik! Stellen Sie eine Wiedergabeliste mit all Ihren Lieblingssongs zusammen, die Sie glücklich machen, und halten Sie sie griffbereit. Lade sie auf dein Handy und bewahre sie zusammen mit einem Kopfhörer in deiner Handtasche auf. Gute Musik zu hören, wenn Sie in öffentlichen Verkehrsmitteln unterwegs sind oder Ihren täglichen Aktivitäten nachgehen, kann wirklich helfen, Ihre Ängste zu unterdrücken und Sie zu erden. Sie können sich auch DBT-Podcasts anhören, die speziell für BPS-Symptome und Ängste entwickelt wurden und die weithin kostenlos erhältlich sind!

Ein Anruf bei einem engen Freund oder einem Familienmitglied ist ebenfalls eine ausgezeichnete Möglichkeit, Ihre Angst zu beruhigen und sich zu erden. Selbst ein kurzer Anruf von nur ein paar Minuten kann den Unterschied ausmachen, wenn Sie das Gefühl haben, dass Ihre Gedanken in eine schlechte Richtung abdriften. Es ist immer eine gute Idee, jemanden zu haben, dem Sie vertrauen, der weiß, was Sie durchmachen, und der für Sie da sein kann, wenn Sie ihn brauchen!

Wenn Sie die Möglichkeit haben, sollten Sie sich am besten von der Außenwelt abschirmen und sich für eine Weile in einen ruhigen Raum setzen, um den Kopf frei zu bekommen. Manchmal braucht man einfach ein bisschen Zeit für sich, um die Nerven zu beruhigen!

Berühren Sie

Wenn Sie das Gefühl haben, dass Sie kurz vor einer dissoziativen Episode stehen, nehmen Sie eine schwere, warme Decke und legen Sie sich für eine Weile darunter, denn das kann Ihnen helfen, sich sicher und geschützt zu fühlen, während Sie sich beruhigen. Wenn Sie ein geliebtes Haustier haben, kann es Ihnen zusätzlichen Trost spenden und ein Gefühl der Kontrolle vermitteln. Das Gefühl, das Ihnen am meisten hilft, sich zu beruhigen, sollten Sie nutzen, sei es, indem Sie einen Stressball drücken, mit Ihrem Haustier kuscheln oder eine Wärmflasche in die Nähe halten (Wärme hat ebenfalls eine *erstaunlich* beruhigende Wirkung). Im Zweifelsfall ist ein heißes Bad oder eine Dusche ein sicheres Mittel zur Entspannung und Beruhigung der Nerven!

Visuell

Suchen Sie sich etwas in Ihrer Umgebung, das ästhetisch ansprechend ist und das Sie betrachten können, um sich zu beruhigen. Das kann ein Bild vom Meer oder vom Wald in Ihrem Schlafzimmer sein, oder alte Familienfotos, die angenehme Erinnerungen wecken. All das kann dazu beitragen, dass Sie sich sofort und ohne großen Aufwand beruhigt und wohl fühlen! Sie können auch eine Pinterest-Seite mit all Ihren Lieblingsbildern anlegen oder Instagram-Accounts mit einer Sammlung von beruhigenden Fotos folgen.

Wenn Sie die Möglichkeit haben, ist ein Ausflug an den Strand oder an ein großes Gewässer ein sicherer Weg, um sofort Ruhe zu finden. Das Meer ist nicht nur ästhetisch ansprechend, sondern auch das Rauschen der Wellen wird Ihnen ein Gefühl der Gelassenheit vermitteln.

Geschmack

Der Geschmack ist ein weiteres wirkungsvolles Mittel zur Erdung, das Sie zur Abwehr einer dissoziativen Episode einsetzen können. Warme Getränke wie Kräutertees sind ausgezeichnete Stresslöser, wobei die Kamille aufgrund ihrer natürlichen beruhigenden Eigenschaften zu den beliebtesten und wirksamsten gehört. Auch bittere oder saure Lebensmittel sollen bei Angstzuständen helfen! Wenn alles andere versagt, finden viele Menschen, dass Kaugummi ein wirklich hilfreiches Mittel ist, um jegliche Anspannung zu beseitigen und sich zu beschäftigen.

Ein weiteres Lebensmittel, das die Nerven beruhigen soll, ist Schokolade. Übertreiben Sie es aber nicht mit den Milchprodukten! Für eine beruhigende Wirkung sollten Sie sich an die dunklere Sorte halten, da sie dazu beiträgt, die Glückschemikalien im Gehirn anzukurbeln, was das Angstniveau senkt.

Geruch

Eines der besten Dinge, die Sie in und um Ihr Haus herum tun können, ist das Anzünden eines Räucherstäbchens mit einem beruhigenden Duft, wie z. B. Lavendel. Alternativ können Sie auch einen Diffusor aufstellen und eine Vielzahl von beruhigenden Ölen kaufen, um das beruhigende Aroma zu genießen. Wenn die Düfte in Ihrem Haus nicht ausreichen, gehen Sie in der Natur spazieren und üben Sie sich in Achtsamkeit. Achten Sie darauf, wie das Gras, die Bäume und die Blumen duften, und genießen Sie einfach den gegenwärtigen Moment! Der Körper wird durch die Natur auf natürliche

Weise beruhigt. Sie werden erstaunt sein, wie effektiv das ist!

Atemtechniken zur Behandlung von Ängsten

Eine der schlimmsten, aber häufigsten Nebenwirkungen von BPS sind schwere Angstzustände und Panikattacken. Wenn das passiert, kann es sich extrem beängstigend und überwältigend anfühlen, vor allem, wenn man nicht weiß, was man als Nächstes tun oder wen man anrufen soll. Es ist nicht ungewöhnlich, dass man sich wie erstarrt fühlt und nicht in der Lage ist, irgendetwas zu tun, so dass man sich am besten selbst verteidigen kann! Atemnot ist eines der wichtigsten Anzeichen für eine drohende Panikattacke. Wenn Sie also lernen, Ihre Atmung zu kontrollieren, können Sie sie hervorragend abwehren. Im Folgenden werde ich einige grundlegende Atemtechniken auflisten, die Sie anwenden können, um Stress abzubauen und Ihre Angst in den Griff zu bekommen.

Richtiges Atmen lernen

Dies ist ein häufiger Fehler, den viele Menschen begehen, wenn sie versuchen, tief zu atmen, um sich zu beruhigen! Viele Menschen atmen so tief ein, wie sie können, wenn sie sich ängstlich fühlen, aber damit tun sie ihrer Angst keinen Gefallen. Und warum? Nun, wenn Sie tief einatmen, aktivieren Sie Ihr sympathisches Nervensystem, das im Wesentlichen Ihre Kampf-oder-Flucht-Reaktion darstellt. Dies versetzt Ihren Körper in einen Panikmodus und kann Hyperventilation eher *verursachen* als verhindern! Die Ironie ist mir gewiss nicht entgangen.

Was bedeutet das also? Nun, Sie müssen im Grunde das Gegenteil tun, wenn Sie sich beruhigen und Ihr parasympathisches Nervensystem aktivieren wollen. Anstatt sich auf mehrere tiefe Einatmungen zu konzentrieren, sollten Sie sich darauf konzentrieren, die gesamte Luft so langsam wie möglich aus der Lunge auszuatmen und dann einzuatmen. Als allgemeine Regel gilt, dass das Ausatmen immer ein paar Sekunden länger sein sollte als das Einatmen. Wenn Sie sich das nächste Mal sehr ängstlich fühlen, versuchen Sie, Ihre Atmung wie beschrieben zu verändern, und merken Sie, wie viel ruhiger Sie sich fühlen! Ungefähr drei bis fünf Minuten dieser Übung sollten ausreichen, um zur Ruhe und Normalität zurückzukehren.

Der Atem des Löwen

Diese Technik, die auf dem obigen Punkt aufbaut, wird als "Löwenatem" bezeichnet und beinhaltet ein tiefes und kräftiges Ausatmen, wie es ein Löwe tun würde!

Alles, was Sie tun müssen, ist Folgendes:

- Setzen Sie sich mit gekreuzten Beinen hin (das ist die einfachste Variante), oder idealerweise knien

Sie sich hin, verschränken die Knöchel hinter sich und setzen sich mit dem Po auf die Füße.

- Strecken Sie Ihre Hände und Arme aus, legen Sie die Hände langsam auf die Knie und atmen Sie tief durch die Nasenlöcher ein und atmen Sie dann bewusst und kräftig durch den Mund aus.

- Entspannen Sie beim Ausatmen Ihre Gesichtsmuskeln und richten Sie Ihren Fokus beim Ausatmen entweder auf die Nasenmitte oder die Stirn.

- Atmen Sie noch einmal ein und wiederholen Sie den Vorgang, bis Sie sich völlig entspannt fühlen.

Fokus, Fokus, Fokus

Für die nächste Übung müssen Sie einen friedlichen Ort finden, an dem Sie sich auf Ruhe und Stille konzentrieren können. Bevor Sie beginnen, achten Sie besonders darauf, wie Sie sich fühlen, während Sie normal atmen. Achten Sie darauf, ob es in Ihrem Körper Spannungen gibt.

Das ist zu tun:

- Atmen Sie tief durch die Nase ein.

- Atmen Sie tief aus und lassen Sie dabei alle Spannungen in Ihrem Körper los.

- Wiederholen Sie dies ein paar Minuten lang. Achten Sie dabei auf das Heben und Senken Ihres Oberkörpers.

- Wählen Sie einen Satz oder ein Wort, das Ihnen Trost spendet, und konzentrieren Sie sich ausschließlich darauf. Zum Beispiel: "Frieden und Ruhe".

- Stellen Sie sich beim Einatmen vor, dass die Luft, die Sie in Ihre Lunge einatmen, eine sanfte Meereswelle ist, die Sie umspült.

- Stellen Sie sich vor, dass mit dem Ausatmen all Ihre Probleme und Ängste Ihren Körper verlassen.

Wenn Sie diese Technik 20 Minuten pro Tag anwenden, werden Sie einen großen Unterschied bei Ihren Angstzuständen feststellen.

Es geht um die Bauchmuskeln

Der wichtigste Aspekt der Entspannungsatmung ist die Fähigkeit, durch das Zwerchfell einzuatmen; dies hilft Ihnen, tiefer zu atmen und erfordert weit weniger Anstrengung.

Hier erfahren Sie, wie Sie das Atmen aus dem Zwerchfell heraus üben können:

- Legen Sie sich zunächst an einen bequemen Ort

wie Ihr Bett oder Ihre Couch.

- Legen Sie für zusätzlichen Komfort ein Kissen unter Kopf und Knie.

- Legen Sie dann eine Hand unter den Brustkorb und die andere unter das Herz.

- Atmen Sie durch die Nase ein und aus und achten Sie dabei genau auf das Heben und Senken von Bauch und Brust.

- Versuchen Sie, Ihre Atmung so zu verteilen, dass Sie tief in den Brustkorb einatmen.

- Versuchen Sie als Nächstes, das Gegenteil zu tun, so dass sich Ihr Bauch mehr bewegt als Ihre Brust.

- Das Ziel ist es, zu sehen, ob Sie Ihren Bauch mehr bewegen können als Ihre Brust. Das erfordert etwas Übung, aber es ist machbar!

Schlussfolgerung

Die Borderline-Persönlichkeitsstörung ist eine der am meisten missverstandenen Störungen, weshalb es so wichtig ist, sich zu informieren. Unabhängig davon, ob Sie selbst oder ein Ihnen nahestehender Mensch daran erkrankt ist, ist es wichtig zu verstehen, wie die Krankheit funktioniert und welche Behandlungsmöglichkeiten es gibt, damit Sie oder der Ihnen nahestehende Mensch die Behandlung erhalten, die Sie brauchen und verdienen. BPS muss keine lebenslange Strafe sein, wenn Sie die richtige Behandlung erhalten und die richtigen Medikamente einnehmen. Wenn Sie oder ein Ihnen nahestehender Mensch noch keine Diagnose erhalten haben, aber den Verdacht haben, dass Sie an BPS leiden könnten, sollten Sie unbedingt einen Fachmann aufsuchen. Unabhängig vom Ergebnis werden Sie mit einer korrekten Diagnose beruhigt sein.

Und schließlich, und das ist das Wichtigste, sollten Sie verstehen, dass BPS kein Spiegelbild Ihrer Seele und Ihrer Absichten ist. Es ist eine Krankheit, die genauso behandelt werden muss wie jede andere. Es macht Sie nicht weniger zu einem Menschen. Seien Sie immer ehrlich und aufrichtig zu Ihren Mitmenschen - vor allem zu sich selbst. Denken Sie daran, dass Sie gute und schlechte Tage haben werden. Seien Sie dankbar für die guten und nehmen Sie die schlechten in Kauf, und sprechen Sie an den schlechten Tagen immer mit Ihren Angehörigen. Sie sind nie allein auf Ihrem Weg, und Sie sind stärker, als Sie denken!

www.ingramcontent.com/pod-product-compliance
Lightning Source LLC
Chambersburg PA
CBHW071113120626
46546CB00003B/1312